나의 첫 시나리오

나의 첫 시나리오

정서경

불쌍한 우리 아기
김라온 그림

대전 일기
박재인 그림

일러두기

1. 『2002 영상원 시나리오과 졸업작품집』(한국예술종합학교 영상원)에 실렸던 정서경 작가의 작품 두 편 「불쌍한 우리 아기」(2001)와 「대전 일기」(2001)를 수록한 책이다.

2. 작품의 대사와 지문에서 입말 등 표기법에 맞지 않는 표현을 쓴 경우 작가의 의도를 고려해 최소한으로만 수정하였다.

3. 시나리오 용어의 표기와 약물 역시 작가가 사용하는 방식을 그대로 채택했다.

용어 해설

FADE IN 화면이 차차 밝아지는 것. 영화가 시작될 때, 아침이 밝았을 때, 새로운 사건이 시작될 때 등 장면이 시작되는 것을 표현한다.

FADE OUT 화면이 차차 어두워지는 것. 용암. 영화가 끝날 때, 하루가 저물 때, 사건이 마무리가 되었을 때 등 장면이 끝나는 것을 나타낸다.

CUT TO 신 내에서 장면을 전환하는 기법으로, 같은 장소에서 시간 경과를 나타내는 데 사용한다. 하나의 장면에서 다른 장면으로 아무런 효과 없이 넘어갈 때도 쓰며, 두 장소를 번갈아가며 보여줄 때도 쓴다.

암전 장면이 끝날 때 혹은 장면 중에 갑자기 어두워지며 마무리되거나 전환되는 블랙아웃.

INSERT 신 중간에 들어가는 삽입 장면. 특정 상황을 강조하거나 집중시키기 위해 삽입한 화면으로 클로즈업을 사용하는 경우가 많다.

V.O. 영상과 일치되지 않는 대사로 등장인물의 생각이나 기억 등을 전달할 때 사용되는 내레이션을 말한다.

E 효과음. 화면 밖에서 들리는 음향 효과를 나타낸다. 전화통화를 하는 장면에서 수화기 너머에서 들려오는 소리를 나타내기도 한다.

소리 화면 밖에서 들리는 등장인물의 대사를 말한다.

디졸브 장면 전환 기법. FADE OUT과 FADE IN을 동시에 사용하면 영상이 서서히 사라지거나 서서히 나타난다.

차례

들어가는 말

이런 상상을 해본 적 있다. 나는 무슨 이유에선가 교실 가득한 학생들에게 시나리오를 가르쳐야 한다. 그래야만 이 교실에서 빠져나갈 수 있다. 학생들 역시 무슨 이유에선가 시나리오를 꼭 써야 한다. 그래야 병든 어머니가 낫는다든지, 망하던 가게가 다시 일어선다든지, 억울한 누명을 쓰고 감옥에 있는 동생이 풀려난다든지…… 다들 갖가지 절박한 이유로 시나리오를 써야 하는데, 그중에 딱 한 가지 이유는 없다. 시나리오를 잘 써서 작가로 입봉하고 성공하는 것.

학생들 앞에 선 나는 몹시 곤란하다. 왜냐하면 난 시나리오 쓰는 법을 잘 모르기 때문이다. 알기는 아는데…… 내 시나리오 쓰는 법만 알지, 다른 사람들은 어떻게 쓰는지 모른다. 나는 표준적인 작법 기술이 없다. 예를 들어 내가 25년 전 영화 이론 수업 시간에 배웠던 플롯 포인트를 최근에야(정말 최근이다, 지난주니까.) 이해하기 시작했다. 그래서 학생들에게 가능해 보이는 목표를 제시한다. 우리가 그럴듯하고 괜찮고 재미있는 시나리오를 쓸 수는 없을 것 같다. '다만 자기 자신'의 것인 시나리오를 쓰자.

제일 먼저, 시나리오 쓰기에는 아주 간단한 문법이 있을 뿐이라는 사실을 가르친다. 일단 숫자를 쓴다. 이것이 신 번호. 그 옆에 장소를 특정하고 낮, 밤을 구분해서 적는다. 그리고 머릿속에서 스크린을 켠다. 거기서 보이고 들리는 것들을 문장으로 적는다. 그중에 사람이 하는 말은, 그 사람의 이름을 적고 그 옆에 대사로 받아쓴다. 놀랍게도 이게 다다. 이걸 한 신이라고 한다. 이런 것이 50개나 100개쯤 쌓이면 하나의 영화, 하나의 드라마 에피소드가 된다.

이 단순한 규칙만으로 수많은 이야기를 쓸 수 있다는 사실이 학생들을 안심시킬 수 있을 줄 알았는데…… 그들은 혼란에 빠진다. 스크린을 켰는데 아무것도 안 나오면 어떡하죠? 한 신은 어디서 시작해서 어디서 끝나요? 다음 신은 어떻게 연결이 되고, 이 신들이 모여서 어떻게 하나의 이야기가 되는 거냐고요?

어떡하지. 나도 모른다. 그래서 할 수 없이 내가 어떻게 첫 번째 시나리오를 썼는지 이야기하기 시작한다. 25년 전의 시나리오 교실로 돌아가서. 우리는 예술 학교에 다녔다. 그것은 우리가 아름다움을 추구하는 학생들이었다는 뜻이다. 아름다움에는 규칙이 없다. 그래서 각자 아름다움을 구성하는 법을 찾아야 한다. 한번 아름다웠던 것은 두 번째는 아름답지 않다. 아름다움은 매번 새로워야 한다. 나의 선생님은 그 아름다움을 진실함이라고 불렀다. 교실에서 진실하지 않은 것은 용납되지 않았다. 진실함이라는 것은 아름다움만큼이나 알 수 없는 것이었다. 우리는 혼자 고민하고, 모여서 토론하고, 밤에는 꿈을 꾸었다. 진실함이란 무엇일까?

첫해에 내가 쓴 시나리오는 형편없었다. 나는 미스터리 장르물을 쓰겠다고 마음먹고, 어디서 본 것 같은 장면들을 엮어 멋지게 써보고자 했다. 선생님은 모든 학생들 작품 가운데 내 것만 콕 짚어 회생 가능성이 없으니 처음부터 다시 쓰라고 했다. 그 안에 진실이 하나도 없었나 보다. 나는 다른 학생들 작품을 읽으면서 거기에는 어떤 진실이 있는지 찾아보려고 했다. 직접 보거나 경험한 것이 조금이라도 느껴지는지. 어쩌면 진실함은 거기서 출발하는지도 모른다. 내가 쓴 것은 마치 추상화처럼 내 이야기가 하나도 들어 있지 않았다.

두 번째 해에는 나에 대해 생각했다. 나의 소망. 나의 간절함. 나의 통증. 나의 혼란. 이것들은 못 쓸 것 같았다. 생각만 해도 싫었다. 머릿속 스크린에 보이는 주인공 얼굴을 친구의 얼굴로 바꿔봤다. 사랑하는 내 친구는 그런 식으로 내 시나리오에 출연하는 것을 기쁘게 허락해주었다. 그래서 내가 세상에 느끼는 냉혹감, 내 안의 난폭한 성장 욕구같이 은밀한 내용을 거리낌 없이 쓸 수 있었다. 어차피 내 친구 얘기니까. 선생님은 미소 지으며 내 작품이 귀엽다고 했다. 거기에 작은 진실이 있었나 보다. 하지만 난 귀여운 작품을 쓰고 싶은 게 아니었다.

세 번째 해에 나는 진실함이 싫어졌다. 나 자신에 대해 쓰는 게 싫었다. 어쩌면 스물다섯 해를 사는 동안 내내 부모님에게 얹혀 살아왔기 때문일지 모르지. 집을 나와 돈을 벌면서 학교에 다니기로 했다. 막상 돈을 벌어보니 나는 평생 가난하게 살게 될 것 같았다. 그해 여름 내 친구와 나는 모기장 수리할 돈을 아끼려고 저녁 내내 불을 켜지 않았다. 그러면 모기가 안 들어올 것 같아서. 우리는 앞으로 어떻게 살게 될까? 내가 잘하는 것은 시나리오가 아닌 다른 것이었다. 나는 논리적으로 생각하고 체계화를 잘하며 추상적인 개념을 잘 다루고 상세한 사항들을 잘 기억한다. 그런 사람은 시나리오를 쓸 수 없다. 시나리오를 쓰기 위해서는 그런 두뇌의 습관들을 버리고 아예 다르게 사고하는 법을 배워야 한다. 하지만 다 버렸는데도 잘 쓸 수 없다면? 나는 3학년이었고, 다른 대학을 4년을 다니다 왔으니, 대학에만 7년째 다니는 셈이었다. 선생님은 내 삶에 다른 옵션들이 많아서 시나리오에 집중할 수 없는 거라고 했다. 나는 살면서 다른 꿈을 가져본 적이 없는데.

아버지가 나를 불렀다. 휴학을 하고 멀리 떠났다 오라고 했다. 나는 독립하고 싶어서 집을 나왔고 원래부터 아버지 말을 잘 듣지도 않았는데 왜 그 제안을 받아들였을까? 거기에 어떤 진실이 있는 것 같았다. 학교를 그만두라는 것도 아니고 다른 일을 하라는 것도 아니었다. 그냥 삶에서 물러나라는 것이었다. 그래서 한 번만 더 아버지의 돈을 받기로 했다.

3개월 동안 머물렀던 미국에서 나는 불행했다. 한국에서 불행했는데 미국에 가서 행복해지는 일은 일어나지 않았다. 그런데 한국에서의 불행과 미국에서의 불행은 차원이 달랐다. 정신이 번쩍 드는 불행이었다. 한국인이 거의 없는 지역이었다. 하루 종일 영어만 썼고, 운전을 못 해서 오지 않는 버스를 오래 기다렸고, 친구들은 모두 틴에이저였고, 걔들은 내가 열일곱 살인 줄 알았으며, 내 진짜 이름을 일부러 웃기게 발음했고, 파티에 가면 늘 가장자리에 서 있었지만, 파티에 가지 않을 용기도 나지 않았다. 그냥 안 보이는 사람이 됐으면. 한국에서 불행은 적어도 맥락이 있었다. 나는 이름도 있고, 나이도 있고, 부모가 있고, 다니는 학교가 있고, 꿈이 있는 사람이었다. 그런데 이름도, 나이도, 부모도, 다니는 학교도 다 지워지고 나니…… 갑자기 깨닫게 되는 게 있었다. 그것들은 아무것도 아니었구나. 그런 것들이 나 자신을 이루고 있다고 생각했는데…… 순식간에 지워질 수 있는 것들이었어. 다만 꿈은 지워지지 않았다. 내가 만약 시나리오도 쓸 수 없다면 나는 정말 아무것도 아니게 될 것이다.

깨끗하게 비워진 머리로 학교에 돌아왔다. 왠지 부끄러움이 없어진 것 같았다. 그때 꿈을 꾸었다. 나는 시내버스에 타고 있었는데 어떤 아기를 안고 있었다. 어둡고 쭈글쭈글한 피부를 가진 못생긴 아기였지만 내 아기였다. 그 아기를 목욕탕 수건에 대충 감싸 좌석에 앉아 있으니…… 놀랍게도 뿌듯한 기분이 들었다. 무서울 것이 없었다. 꿈을 꾸고 나니 세상을 그렇게 살아야겠다는 기분이 들었다. 그런 시나리오를 쓰자. 못생기고 쭈글쭈글해도 좋으니 내 아기라고 할 만한 것.

'불쌍한 우리 아기'라는 제목을 적어 넣었다. 딱 그렇게 생긴 아기였기 때문에. 그리고 한 번도 보거나 경험해보지 못한 것을 쓰기로 했다. 진실함이랑 거리가 멀어져도 상관없어. 나는 원래 그런 걸 쓰고 싶었다. 주인공은 나와 전혀 다른 사람으로 만들었다. 내 특징에 정반대되는 것들. 이름은 은희. 얼굴은 역시 내 친구 얼굴이고. 내 친구 엄마를 닮은 사람이 나오고, 내 친구 동생을 닮은 사람이 나온다. 그리고 한 신, 한 신 썼다. 다음 신이 무엇이 될지 전혀 생각하지 않은 채. 아침에 일어나면 식탁에 앉아 오늘 은희에게 일어나는 일을 썼다. 은희가 조심스럽게 세상으로 한 발짝, 한 발짝 나가는 것처럼. 당연하게도 매일 놀랐다. 은희는 이런 사람이었구나. 은희의 주변에는 이런 사람이 있구나. 그리고 이야기의 70퍼센트 정도 되는 지점에 이르렀을 때 길을 잃었다. 어디로 가야 할까. 여기까지 왔는데 아무 데도 가지 못하면 너무 억울하다. 깊은 잠에 들지 못했다. 내가 사는 빌라 맞은편에 밤새 촛불을 켜놓는 무당 집이 있어서 그런 것 같기도 했다. 나는 내내 가위에 눌리면서 아침이 되면 절에 찾아가든, 교회에 찾아가든 나를 좀 도와달라고 해야겠다는 생각을 했다. 그렇게 한 줄 한 줄 쓰는 수밖에 없었다.

마침내 시나리오를 완성했을 때…… 마지막 장을 덮으면서 나도 모르게 중얼거렸다. 이게 나구나. 어둡고 쭈글쭈글하지만 이게 나였어. 마치 엑스레이 같잖아. 이걸 쓰지 않았다면 내가 이렇게 생겼다는 것을 몰랐을 것이다. 너무 많은 사람의 도움으로 시나리오를 썼다. 아버지와 내 친구와 선생님과 맞은편 빌라에 사는 무당과…… 그리고 내 아기의 영혼. 진실함이 무엇인지 그렇게 알고 싶었는데 이제야 알게 된 것 같았다. 진실함은 자기 자신이다. 불필요한 것들을 모두 걷어내고, 똑바로 바라본 자신의 얼굴.

나는 학생들에게 여기까지 이야기하고 나서…… 이제는 시나리오를 보여줄 수밖에 없다는 생각을 한다. 설명만으로는 절대 알 수 없기 때문에. 그리고 학생들에게 약속을 해달라고 한다. 정말 부끄럽지만 내가 나의 첫 번째 시나리오를 보여주겠다. 이것은 단지 내가 너희들을 불쌍하게 여기기 때문이다. 첫 번째 시나리오를 써야 하는 사람은 누구나 절벽 앞에 서 있다는 것을 나는 안다. 그러니 아무에게도 내가 이런 것을 썼다고 소문을 내서는 안 된다. 이 책을 읽어보면 내가 왜 이런 말을 하는지 알 것이다. 정말 부끄러운데 어쩔 수 없이 보여준다는 것. 빨리 시나리오를 가르치고 이 교실에서 나가야 하니까. 그러고 나서 학생들에게 책을 나누어주기 시작한다. 그것이 바로 이 책이다.

불쌍한 우리 아기

김라온 그림

1 병원, 낮

암전.

은희(V.O.)

나에게 무슨 일이 일어난 걸까?

임신을 했다.

털이 많고 수염을 아무리 깎아도 턱이 푸르스름한, 남성적 의사가 화면 가운데 등장.

의사

임신이 아닌데요.

암전.

은희(V.O.)

의사들은 왜 거짓말을 할까?

내가 엄마가 되기에 적합하지 않다고 생각하는 걸까?

너무 어려서? 결혼을 하지 않아서? 경제력이 없기 때문에?

천만에. 사람을 잘못 봤다. 나는 그렇게 약하지 않다.

2 INSERT 컷들

밥을 먹는 은희.

지하철역 계단 옆 손잡이를 잡고 조심조심 내려가는 은희.

지하철 안에서 누군가가 발을 밟자 그 사람에게 미소를 지어주는 은희.

사람이 많은 지하철 안에서 피곤하게 흔들리는 은희.

은희(V.O.)

밥을 많이 먹었다. 계단도 조심조심 내려갔다.
무례한 사람들에게 화를 내지 않으려고 노력했다.
아직 이 배 속의 아기를 어떻게 해야 할지 모르겠다.
의사들은 도저히 믿을 수가 없다. 생각을 해야 한다.

3 사무실, 낮

은희는 컴퓨터 앞에 앉아 있다. 딴생각을 하는 표정, 손이 느리다.

은희(V.O.)

아무리 생각하고 생각해도 모르겠는 것은,
언제 어떻게 이 아이를 가지게 되었는가 하는 것이다.
지난주 금요일엔 회식에 있었고,
토요일 낮은 세상모르게 잤고,
일요일에는 목욕탕엘 갔는데…….

여자 직원1

은희 씨, 이거 네 부씩 복사 좀 해주세요.

여자 직원 1이 컴퓨터 너머로 서류를 내밀고는 바삐 가버린다. 은희는 그것을 받아 사무실 복도에 있는 복사기로 가져간다.

특별히 바쁘지도 한가하지도 않은 사무실 풍경. 부장님이 누군가에게 호통을 치는 모습, 지석 씨가 일하는 모습, 복사를 하고 있는 은희의 모습 등이 보인다.

은희(V.O.)

나는 주로 어린이를 위한 책을 내는 출판사에 다닌다.
지금은 단순 교정을 비롯해서 간단한 사무 일을
보고 있지만, 부장님은 내가 언젠가는 기획 일도
할 수 있을 거라고 한다.
나에게는 상상력이 있기 때문이다.
우리 회사에서는 모든 사원들이 어린이를 잘 이해할 수
있도록 일주일에 한 번씩 동화를 써 오게 한다.
책을 읽고 베껴 와도 괜찮지만, 나는 그런 적이 한 번도 없다.
일요일 저녁에 설거지를 하고 식탁에 앉아
동화 하나쯤 쓰는 것은 조금도 어려운 일이 아니다.

4 은희의 방, 밤

은희의 작은 방 구석에 딸린 부엌에는 낡은 식탁 하나가 놓여 있고, 그 위에는 조미료와 라면, 두루마리 휴지 등 온갖 것들이 쌓여 있다. 은희는 그 북새통에 간신히 공간을 내어 글을 쓰고 있다.

은희

(중얼거리며)

숲속의 조그만 집에 어머니와 어린 딸이 살았습니다…….

[INSERT]

화면이 그림책으로 바뀌며 은희의 어머니와 은희의 얼굴이 들어간 그림들이 한 장 한 장 넘어간다.

은희(V.O.)

어머니는 오랫동안 몹시 아프고 배가 고팠습니다.
고기가 먹고 싶다고 했습니다. 집에는 아무것도 없었습니다.
딸은 허벅지 살을 조금 떼어내어 어머니에게 드렸습니다.
어머니는 맛있게 먹고 조금 나아졌습니다.
딸은 기분이 좋았습니다. 이번엔 뜨끈한 순대가
먹고 싶다고 했습니다. 딸은 창자를 조금 잘라내어
순대를 만들었습니다. 어머니는 맛있게 먹고
조금 나아졌습니다. 딸은 기뻤습니다.
그러나 발을 뜯어 국을 끓이고, 등을 벗기고, 간을 꺼내고,

손을 삶아도 어머니는 계속 배가 고파왔습니다.

"어머니, 이제 드릴 것이 없어요. 어머니가 몸이 아프고

배가 고파 울어도 이제는 남은 것이 하나도 없어요."

어머니는 성이 나서 말했습니다.

"얘야, 너는 무엇을 아까워하느냐.

니가 가진 것은 모두 내가 준 것인데.

나는 이렇게 죽어가고 있잖니. 이리 오너라."

어머니는 딸을 가까이 불러 꿀꺽 삼켰습니다.

딸은 행복했습니다. 처음처럼 어머니의 배 속으로 돌아가자

걱정이 하나도 없었습니다.

5 회의실, 낮

은희

(앞의 동화에 이어)

이제는 아무것도 줄 필요가 없었습니다.

은희는 직원들이 쭉 앉아 있는 긴 탁자 앞에 서서 동화를 읽고 있다.

동화가 끝나자, 직원들의 박수.

6 은희의 방, 밤

은희(V.O.)

어머니로부터 전화가 왔다.

전화벨이 울리고 은희는 전화를 받는다.

은희

예, 어머니. 어떻게 지내세요…….

은희의 목소리가 작아지면서 전화를 받고 있는 은희의 모습 위로 V.O.

은희(V.O.)

어머니에게 나를 낳을 때 이야기를 해달라고 졸랐다.
그때 어머니가 얼마나 고생을 했는지, 얼마나 아팠는지,
얼마나 울었는지 이야기를 듣는 것이 나는 아주 좋다.
배가 고파도 밥을 먹을 수 없고,
자고 싶어도 잠을 잘 수가 없고,
몸이 갈기갈기 찢어지는 것 같아 죽고 싶었지만
어머니는 나를 낳았다고 했다.
나는 조그맣고 쪼글쪼글하고 아주 약한 아기였다고 했다.
그렇지만 어머니는 나를 보자마자 사랑하게 된 것이다.
이 대목에선 언제나 눈물이 글썽인다.

나는 어머니에게 고마워해야 할 것이다.

은희는 고개를 끄덕거리며 전화를 받다가 감동한 듯이 눈을 누른다.

어머니(E)

이번 달엔 보일러가 터져서 돈이 10만 원도 넘게 들었단다.

창욱이 이 녀석은 철이 없어서 MT를 가겠다고 난리고…….

은희는 대답 없이 듣기만 한다.

어머니(E)

그래도 너는 서울로 보내줬잖니.

은희

그런데요, 어머니…….

이번 달엔 돈을 더 보내드릴 수 없어요.

어머니(E)

아니, 너 무슨 일이니? 몸이 아프니?

결혼이라도 하려는 거냐?

은희는 대답이 없다.

어머니(E)

내가 언제 너한테 무리한 것을 요구한 적이 있니?

은희

(차근차근)

별일은 없고요, 몸이 아파도 대단한 것은 아니고,

결혼은 아직 생각 없고요,

어머니가 저에게 무리한 것을 요구하신 적도 없는데요,

이번 달엔 돈을 더 보내드릴 수가 없어요.

어머니(E)

나는 무슨 말인지 하나도 모르겠구나.

그러니까, 왜 돈을 보내줄 수가 없다는 거니?

은희

그게…… 저……

(설명을 못 하고)

알았어요, 어머니. 이번 달만이에요.

하지만 다음 달부터는 그렇게 안 돼요.

저한테도 제 계획이 있단 말이에요.

어머니(E)

얘야, 너는 매정한 애구나.

아무것도 말하지 않으면 내가 니 속을 어떻게 아니.

CUT TO

은희는 이불을 깔고 바닥에 누워 이리 구르고 저리 구르다가 어머니의 마지막 말을 되씹고 있다.

은희

내가 니 속을 어떻게 아니…….

은희(V.O.)

어머니는 모르고 있다.

은희의 입가에 미소가 번진다.

은희(V.O.)

어머니는 무엇이건 아는 사람이다.
내가 거짓말을 하거나 뭔가를 숨기면 귀신같이 알아내서
나를 벌주곤 했다. 그렇지만 이번만은 아니야.
어머니는 끝까지 모르실 것이다. 나는 아기를 낳을 것이다.
그러면 나도 어엿한 어머니가 될 것이다.

7 단란주점, 밤

부장님은 옆에 앉은 은희에게 폭탄주를 만들어 권하고 있다. 은희는 애써 거절하고 있다. 음악 소리가 커서 자세한 소리는 들리지 않는다.

은희(V.O.)

나는 부장님이 싫어졌다.
우리 아기는 내가 술을 마시는 것을 원치 않는다.

갑자기 사람들이 "우-" 하고 박수를 치고, 부장님은 은희를 스테이지로 보내 노래를 하게 하려고 한다. 은희는 못하겠다고 뺀다. 이 모습을 지켜보고 있는 지석 씨의 심각한 얼굴이 서서히 확대되며,

은희(V.O.)

지석 씨가 아니었으면 나는 그날도 술을 마시고,
엉덩이를 흔들며 노래를 해야 했을지도 모른다.
지석 씨는 이번에 새로 들어온 젊은 남자이다.
그는 대학을 나왔고 기획 일을 하고 있다.
이 사람이 써 오는 동화들은 별로 재미가 없다.

[INSERT 시작]

지석 씨 얼굴에 지석 씨 동화책 그림 화면이 디졸브된다. 공주 얼굴에 은희, 왕자의 얼굴에 지석 씨가 들어 있는 그림들.

지석 씨(V.O.)

먼 나라의 성에 마법에 걸린 공주가 갇혀 있었습니다.

왕자는 공주를 구하기 위해 피투성이가 되어 가시덤불 숲을

지나왔습니다. 펄펄 끓는 강물을 헤엄쳐 왔습니다.

손톱이 빠져라 높은 성벽을 기어올랐습니다.

그러나 막상 공주가 갇혀 있는 탑의 창문을 두드렸을 때

공주는 세상모르게 자고 있었습니다.

겨우 소리쳐 깨웠지만 문을 열어주려고 하지 않았습니다.

"누구세요?"

"당신을 구하러 온 왕자입니다."

"누구시라구요? 저는 당신을 모르는데요."

왕자는 목소리를 가다듬었습니다.

"이해를 못하시는군요. 저는 당신을 구하러 왔다니까요."

"내가 왜 당신 같은 사람한테 도움을 받아야 하죠?

돌아가세요."

멍해진 왕자가 아래를 내려다보니,

올라온 길이 까마득했습니다. 떨어질 것 같았습니다.

"저기, 일단 문부터 열어주시면 안 될까요?

제가 다 설명해드릴게요.

당신은 마법에 걸렸기 때문에 잘 모르시는 거라구요."

공주는 대답이 없었습니다.

왕자는 다급해졌습니다.

"죄송합니다만, 저를 좀 살려주세요.

여기까지 오느라 힘이 다 빠졌어요.

이제 곧 떨어질 것 같아요."

"진작에 그렇게 말씀하실 것을요."

공주는 왕자가 불쌍해져서 문을 열었습니다.

그렇지만 왕자는 더 지탱할 힘이 없어 이제껏 간신히

기어올라온 낭떠러지 아래로 떨어지고 말았습니다.

"그러면서 힘깨나 쓰는 척했군."

공주는 창문을 탁 닫았습니다.

[INSERT 끝]

지석 씨

(벌떡 일어나면서 큰 소리로)

은희 씨가 싫다잖습니까, 부장님!

갑자기 좌중이 조용해지고 시끄럽던 현장의 음악마저 작아지며 대사들이 들리기 시작한다. 은희는 눈을 감고 귀를 막는다.

부장님

(마이크를 툭 던지고 슬슬 일어서면서)

뭐야? 이 자식…….

부장님은 목의 넥타이를 잡아당겨 풀어내면서 은희를 향해 말한다.

부장님

어디, 은희 씨가 말해봐.

부장이 직원들에게 기분 좋게 술 사면서,

마음껏 마시라고 권하는 게 그렇게 잘못된 거야, 응?

긴장 좀 풀고 노래 좀 하자는데 그게 그렇게 싫어?

말해봐, 싫어?

은희는 얼른 자기 앞에 놓여 있던 폭탄주 큰 잔을 한 번에 들이킨다.

은희

부장님, 제가 잘못했구요, 노래도 부를게요.

지석 씨

(은희를 바라보며 원망스러운 듯이)

은희 씨!

은희는 지석 씨를 돌아본다. 어떻게 해야 할지 모르겠다. 앞에 있는 부장님도 진정시켜야겠고, 부장님이 하자는 대로 하자니 기껏 도와준 지석 씨에게 미안하다.

부장님

이런, 니미. 니가 부장 해라, 인마!

부장님은 넥타이를 풀어 주머니에 넣고, 양복 윗도리를 입으려고 한다.

부장님

(안 들어가는 팔을 쑤셔 넣으려고 노력하며 중얼중얼)

그 전에 넌 모가지일 거다…….

은희와 다른 직원들의 만류에도 불구하고 부장님은 그 자리를 뜬다. 은희와 지석 씨는 시선을 어디에 두어야 할지 몰라 엉거주춤 서 있고, 다른 직원들은 "오늘은 분위기 완전히 망쳤다."는 둥, "그럴 필요까지는 없지 않았느냐."는 둥 수군거린다.

8 은희의 집으로 가는 길, 밤

초승달이 뜬 밤. 지석 씨와 은희는 언덕 위에 집들이 다닥다닥 붙어 있는 동네의 좁고 구불구불한 골목길로 천천히 걸어 올라가고 있다.

지석 씨

(얼굴이 빨개진 채 은희 쪽을 보지도 못하면서)

왜 은희 씨는 언제나 부장님이 하라는 대로만 하는 겁니까?

그 사람은 역겨운 치한이에요.

은희는 지석 씨에게 고개를 돌린다. 취해서 눈이 풀린 채 만족한 미소를 띠고 있는 은희. 선이 고운 지석 씨의 옆얼굴을 감상하듯이 한동안 바라본다. 지석 씨는 어쩔 줄 몰라 손으로 얼굴을 문지른다. 손이 떨린다. 은희는 미소를 띤 채로 느리게 다시 고개를 돌린다.

몇 개인가의 코너를 돌고 보안등이 켜져 있는 골목을 지나, 은희와 지석 씨가 걸어가는 길. 창문 너머로 방 안에 켜진 파란 형광등도 보이고, 간혹 TV 소리도 들리고, 두 사람은 아무 말도 없고, 시멘트 바닥엔 구두 소리만 울린다. 대문 뒤로 개들이 컹컹 짖는 소리. 두 사람은 골목을 빠져나와 가로등 아래 벤치가 있는 두 갈래 길에 도착한다.

은희는 갑자기 배에서 뭔가 움직이는 것을 느끼고 그리로 손을 가져가 대어본다.

아기 목소리(소리)

(은희가 억지로 아기 목소리를 내는 듯한 소리)

엄마, 이 사람 맘에 들지 않아.

이 사람을 가까이하지 마세요.

이 사람을 좋아하면 안 돼.

나만 생각하세요, 엄마.

은희는 구역질을 한다. 가로등을 붙잡고 속에 있는 것들을 올려낸다.

지석 씨

은희 씨, 괜찮아요? 괜찮아요?

지석 씨는 당황해 은희의 어깨를 감싸 안고, 등을 두드리고, 주섬주섬

휴지를 꺼내고, 은희 씨가 정말 괜찮은지 또 물어보고 하느라고 분주하다. 은희는 한참 게워내다 말고, 고개를 들어 멍하게 지석 씨를 쳐다본다. 완전히 풀린 눈, 입가로 음식물이 떨어지는 모습. 놀란 지석 씨는 자기도 모르게 뒤로 조금 물러선다. 눈이 커진다. 은희가 지석 씨의 커진 눈을 들여다보면, 커다란 까만 구슬 같은 눈동자의 표면에 왜곡되어 비치는 은희의 모습이 더욱 기괴하다.

지석 씨

(은희의 얼굴에서 눈을 떼지 못하고 더듬거리며)

은희 씨……,

술을 너무 많이 마셨나 봐요.

은희는 지석 씨의 손에 들려 있는 휴지를 무시하고 손등으로 입가를 쓱 닦으며 일어선다.

은희

(배 속을 울리는 낮고 단호한 목소리. 평상시의 목소리와 전혀 다르다.)

이제 돌아가세요. 저 혼자 갈 수 있어요. 늦었군요.

지석 씨는 그제서야 정신이 든 듯 옷을 가다듬으며 따라 일어선다. 말을 고르느라 몇 번 기침을 하지만 할 말을 못 찾고 그냥 돌아선다. 내려가는 길 대신 두 갈래 길의 왼편으로 잘못 들어선다.

은희

(아래쪽 길을 가리키며)

이쪽으로 가셔야 되거든요.

지석 씨는 엉거주춤하게 인사를 하면서 아래쪽 길로 내려간다. 은희는 오른편 길을 따라 씩씩하게 걸어 올라간다. 이제 속이 편안한 듯하다.

9 은희의 방, 밤

은희는 반지하 자취방의 문을 열고 들어선다. 열린 문으로 들어온 빛이 긴 도형을 만들었다가 문을 닫을 때 사라진다. 은희는 불도 켜지 않고 방구석으로 천천히 기어간다. 멍하니 앉아서 창문으로 들어오는 빛이 벽에 만들어내는 빛 상자를 바라본다. 밤늦게 들어가는 사람의 바쁜 발 모양, 슬쩍 스쳐가는 고양이, 멀리서부터 오는 헤드라이트 불빛. 은희는 눈이 부셔서 눈을 천천히 감았다가 뜬다. 마이크를 던지고 넥타이를 슬슬 푸는 부장님의 화난 모습이 떠오른다. 헤드라이트의 가장 밝은 부분이 지나간다. 다시 천천히 눈을 감았다가 뜬다. 힘없이 허리를 숙여 인사하고 내려가는 지석 씨가 보인다. 은희는 체머리를 흔들고는 벌떡 일어나 이부자리를 펴고 눕는다. 어디선가 아기 울음소리가 들린다. 은희는 돌아누워 눈을 꼭 감고 못 들은 척한다.

10 은희의 동네, 밤

밤이 깊어가는 은희의 동네. 맹렬하게 울어대는 아기의 울음소리. 이웃집의 창문에 불이 켜지며,

이웃집 아줌마(소리)

아니, 어떤 집에서 이렇게 애기를 울려……?

11 사무실, 낮

부장님

좋은 아침, 은희 씨.

성큼성큼 사무실로 들어서는 부장님이, 책상 앞에 앉아 있는 은희에게 명랑하게 인사한다. 열려 있는 부장실 문으로 부장님이 바쁘게 전화를 받고, 서류를 정리하고, 누군가를 불러 이야기를 나누는 등의 모습이 보인다. 은희의 눈이 부장님을 좇는다. 부장님은 은희 쪽엔 고개도 돌리지 않는다.

어딘가에 바쁜 걸음으로 다녀온 부장님이 부장실의 문을 닫고 들어간다. 은희는 용기를 내어 부장실 문을 두드린다. 안에서 "네에……." 하는 대답이 들린다. 문을 빼꼼 연다. 부장님은 서류들이 쌓인 책상에서 고개를 들며 눈짓으로 무슨 일이냐고 묻는다.

12 부장실, 낮

은희는 미끄러지듯 부장실에 들어선 뒤 등 뒤로 문을 닫는다.

은희

어젯밤 일 말씀인데요, 부장님.

부장님

어젯밤 일?

(생각하는 척한다.)

글쎄, 무슨 일이 있었나? 잘 생각이 나지 않는군.

피차 생각이 안 나는 일은 묻어두자구.

어차피 그게 밤의 생리 아닌가.

부장님은 가식적인 미소를 지었다가 금방 거두며 다시 서류에 고개를 파묻는다.

은희

(울음을 터뜨린다.)

부장님, 죄송합니다.

부장님

(짜증을 내며)

거참, 은희 씨, 답답한 사람이구만.

나는 기억이 하나도 안 난다지 않아?

은희

(울음을 멈추려고 노력하며)

죄송합니다, 부장님. 저도 제가 왜 그랬는지 모르겠어요.

용서하겠다고 한마디만 해주세요.

부장님은 거만한 표정으로 책상에서 일어나 손님 접대용 소파로 자리를 옮긴다.

부장님

은희 씨……, 우리 커피 한 잔씩 할까?

은희는 남은 울음을 삼키려고 노력하며 책상 옆의 커피 메이커에서 원두커피를 뽑아 컵에 따르고, 그 안에 커피 믹스 두 개를 한꺼번에 넣어 부장님 탁자로 가져간다. 부장님은 맛있다는 듯이 커피를 한 모금 마시고 입맛을 쩝쩝 다신다.

부장님

은희 씨가 올해 몇 살이지?

은희

스물다섯인데요.

부장님

우리 회사에 있은 지는 몇 년쯤 됐나?

은희

4년이요.

부장님

그럼 내가 말하지 않아도 잘 알겠구만.
조직 생활을 하다 보면 별별 일이 다 생기지.
일일이 신경을 쓰다가는 남아날 수가 없어.
은희 씨도 알겠지만 나는 업무에 있어서는 칼같은
사람이야. 아니다 싶으면 그냥 모가지라구.
하지만 사적인 일에서는 다르지.
아랫사람이 응석을 부리면 모른 척하고 받아줄 줄도 알아.
물론 잊어버리지는 않지. 철저하니까 말이야.
은희 씨가 처음 우리 회사에 들어왔을 때부터 쭉 지켜봤어.
자네는 가능성이 있는 사람이야.
일도 잘 하고 윗사람한테 복종할 줄도 알고.
내가 입사할 때 말이야, 사장님이 이런 말씀을 해주셨어.
남자는 자기를 알아주는 사람을 위해 목숨을 바치고,
여자는 자기를 믿어주는 사람을 위해 팬티를 벗는다.
알겠어? 나는 그런 자세로 살아왔다고.
지석 씨는 말이야, 이런 걸 이해하기에는 아직 어려서…….

(고개를 설레설레 젓는다.)

하지만 은희 씨는 다르지. 내가 언제나 말하지 않아?

은희 씨는 나만 보고 일만 열심히 하라고.

지금은 힘들겠지만 언젠가는 알아주는 때가 오게 되어 있어.

은희는 열심히 고개를 끄덕인다.

부장님

좋아 좋아, 그런 거라고.

(만족한 듯 다시 커피를 한 모금 마신다.)

그런데 말이야, 정말로 노래 부르기가 그렇게 싫었나?

(장난스럽게 눈을 찡긋한다.)

은희

(숨을 삼키며)

아니요, 부장님, 그럴 리가 있겠어요…….

(라고 웃으며 대답하는 은희의 모습 위에)

예, 부장님, 너무 싫었어요…….

(라고 정색을 하며 말하는 은희의 모습이

약간의 시차를 두고 디졸브된다.)

사실 부장님이랑 회식 가는 거 좋아하는 사람

아무도 없어요. 매주 똑같은 날 똑같은 데 가서

똑같이 술 마시고 똑같이 노래 부르면

그게 재밌겠어요? 부장님은 재밌으세요?

부장님이 술 취한 척하면서 어깨에 기대오시면 그 냄새,

슬쩍 한쪽으로 아가씨를 만지작거리면서

한쪽으로는 저를 쳐다보시면, 아유, 소름 끼치죠.

또 술만 드시면 맨날 저 보고 은희 씨는 곧 기획팀으로

보내주겠다, 어쩌겠다 하시는데

그런 거짓 약속들도 이젠 지겹구요.

커피 잔을 든 부장님의 손이 공중에서 멈춘다. 은희는 갑자기 정신이 확 드는 듯, 멍하게 부장님을 쳐다본다. 놀란 부장님의 눈과 마주친 은희는 자기도 놀라 눈이 커지고 입술이 떨린다.

은희

(연신 고개를 조아리며)

부장님, 죄송합니다, 죄송합니다.

부장님

알았어, 알았어. 그만 가보라고.

부장님은 벌떡 일어나 은희 쪽을 보지도 않고 가라고 손짓을 하며 소파에서 책상으로 간다.

은희

(절망적으로)

부장님, 그게 아니고…….

13 사무실, 낮

은희는 눈이 빨개져서 부장실을 나온다. 직원들의 눈길이 슬쩍슬쩍 은희 뒤를 따른다. 은희는 책상에서 손에 잡히는 대로 아무 서류나 들고 복도로 나간다.

14 복도, 낮

눈을 닦고 코를 풀고 머리매무새를 만지며 복사를 하고 있는 은희. 지석 씨가 나온다. 은희 옆으로 다가와 뭔가 말하려고 하는 지석 씨.

은희

(얼굴을 들지도 않고 차갑게)

복사할 거예요?

지석 씨는 머뭇거린다.

은희

아니면 나한테 관심 있어요?

지석 씨

저는 그냥, 도움이 될까 해서……

은희

(화가 난 듯)

도움이 될 거 같아요? 도움이 되고 있는 거 같아요?

지석 씨 때문에 일이 더 꼬이기만 하잖아요.

나한테 관심 있으면 관심 끄구요, 관심 없으면 상관 마세요.

규칙적으로 지나가는 복사기 불빛이 은희의 성난 얼굴을 붉게 물들인다. 은희는 복사된 서류를 낚아채서 바로 옆의 쓰레기통에 버리고 지석 씨 반대편으로 걸어 나간다.

은희

복사할 거면 복사하시구요.

15 롯데리아, 낮

창가 자리에 앉아서 무표정하게 햄버거를 먹고 있는 은희. 손가락까지 다 빨아 먹은 후, 쓰레기를 비우고, 공중전화로 가서 전화를 건다.

은희

어머니, 좀 어떠세요?

저는 잘 있어요……. 여기는 아무 일도 없어요…….

지난번엔 죄송했어요. 요새 너무 피곤한가 봐요.

왜 너무 피곤하면 자기가 다른 사람처럼

느껴질 때가 있잖아요…….

카메라가 전화기를 든 은희에게 가까이 다가가면 어머니의 말소리도 들린다.

어머니(E)

저번에는 무슨 계획이 있다더니,

그건 어떻게 되어가고 있니?

은희

아, 그거요? 그건…… 조그만 문제가 있어서 그런 건데,

지금은 다 해결되었어요. 걱정하실 것은 하나도 없어요.

어머니(E)

그래? 뭔지 몰라도 잘됐구나.

뭐든지 일은 깔끔하게 처리해야 한다.

은희

예에…….

어머니(E)

그럼, 밥 잘 챙겨 먹고…… '올바른' 음식을 먹어야 한다.

햄버거 쪼가리 같은 거 사 먹지 말고.

은희

어머니도 참……. 제가 언제 햄버거 먹는 거 보셨어요?

마지막으로 먹은 게 국민학교 때예요.

게다가 그때도 먹고 싶어서 먹은 것이 아니라,

친구가 햄버거를 핫도그라고 거짓말을 해서

모르고 먹은 거잖아요…….

어머니(E)

어쨌든, 그거 먹고 탈이 나서 병원에 실려 가지 않았니…….

전화를 끊은 은희는 계산대로 간다.

은희

치즈버거 세 개 주세요.

롯데리아 직원1

(은희는 바로 앞에 있는데 마이크에 대고 속삭이며)

여기서 드시겠어요? 포장해 가시겠어요?

은희

포장해주세요.

롯데리아 직원1

(다시 속삭이는 마이크)

치즈버거 세 개, 포장, 땡큐.

은희는 계산을 하고 사뭇 초조하게 햄버거를 기다린다. 새까만 단발머리에 새하얀 피부, 새빨갛고 뾰족한 얇은 입술을 지닌 롯데리아 직원 1의 무표정한 얼굴.

롯데리아 직원1

(마이크)

치즈버거 세 개 나왔습니다, 손님.

롯데리아 직원은 햄버거를 건네주며 눈은 가만히 있고 입꼬리만 올리는 이상한 미소를 짓는다.

16 은희의 화장실, 밤

은희는 변기에 햄버거를 토해낸다. 변기를 내리고 나서도 한참 동안 변기를 껴안고 물에 어른어른 비치는 자기 얼굴을 노려본다.

은희

이 못된 것, 이 버릇없는 것…….

(변기에 힘없이 쓰러진다.)

(중얼거리며)

엄마를 애먹이는 애기는 필요 없어, 이 조그만, 나쁜 것…….

17 부장님의 집, 밤

부장님은 잠을 못 이룬다. 뜬눈으로 뒤척이는 부장님의 얼굴 위로, 그림책 화면이 디졸브된다. 임금 얼굴에 부장님, 소녀 얼굴에 약간 변형된 은희.

[INSERT]

부장님(V.O.)

임금님은 고독했습니다. 자기의 겹겹이 늘어진 살과

고약한 냄새 속에서 혼자가 되어가고 있었습니다.

모두들 "네네." 하며 허리를 조아릴 뿐 누구도 말을 걸거나

눈을 마주치고 싶어 하지 않았습니다.

낮잠이 오지 않는 오후에 임금님은 지나가는 사람을

잡아들여 궁정 앞뜰에서 크게 웃게 했습니다.

"네 놈의 웃는 모습은 겁에 질려 있군.

기분이 나빠. 모가지를 쳐버려."

"너는 나를 마음속에서부터 비웃고 있지. 모가지야."

"왜 웃지 않고 우는 거냐? 당장 목을 쳐."

임금님의 명령을 거역하는 사람은 아무도 없었습니다.

"어째서 진심으로 크게 웃는 사람을 잡아오지 못하는가?"

임금님은 무능한 병사들의 목을 치게 했습니다.

"무엇이 두려운가?

(메아리처럼 다시 한번)

무엇이 두려운가? 대답하라.

(역시 메아리처럼)

대답하라."

임금님의 목소리가 궁전에 쩌렁쩌렁 울려퍼져도

대답을 하는 사람이 없었습니다.

임금님이 무서웠던 것입니다.

임금님도 자신이 무서웠습니다. 밤에 자리에 들면

베개에 머리를 묻고 엉엉 우는 때도 있었습니다.

누군가 자기를 막아주었으면 했습니다.

자기 손을 꼭 붙잡고 아니라고 말해주었으면 했습니다.

그러던 어느 날, 수많은 사람들의 목을 쳐낸 맑은 오후에,

벌거숭이 작은 소녀 하나가 앞뜰에 나와 섰습니다.

소녀는 임금님을 보자마자 손가락질하며

웃음을 터뜨렸습니다. "당신은 정말 짐승같이 추하고

냄새가 나는군. 누가 당신을 좋아하겠어?"

사람들은 깜짝 놀라 벌벌 떨었습니다.

그러나 임금님은 크게 웃기 시작했습니다.

우는 것처럼 꺼이꺼이 웃어댔습니다.

임금님은 벌거숭이 작은 소녀를 죽이지 못하고

상을 내렸습니다.

18 회의실, 낮

긴 탁자에 모든 직원들이 앉아 있는 회의실.

부장님

에……,

이번에 이은희 씨를 기획팀으로 발령 낼까 하는데……

다들 어떻게 생각하십니까?

직원들은 아무 말 없이 불만에 찬 얼굴로 서로를 쳐다본다.

부장님

왜 아무 말이 없지? 좋다, 싫다 말을 해야 알 거 아닙니까?

직원들은 눈을 내리깔거나 다른 쪽을 쳐다보거나 하면서 말이 없다.

부장님

이러면 마치 내가 독단적으로 결정을

내리는 것 같아 보이지 않습니까? 자자, 얘기를 해봅시다.
이쪽에서부터 돌아가면서 얘기를 해볼까?

직원들은 쉽게 말을 못 꺼내고 쭈뼛거리다 자신 없는 목소리로 앉은 순서대로 이야기를 시작한다.

남자 직원1

글쎄, 제 생각엔,
기획 일이라는 것이 나름대로 전문적인 일인데,
복사를 오래 했다고 갑자기 기획 능력이 생기는 것은 아니고,
은희 씨가 그렇다는 게 아니라…….

남자 직원2

저도 은희 씨 경우가 뭐 어떻다는 건 아니지만,
회사라는 게 새로 직원을 뽑는 시기가 있고
그때에 맞춰서 조직을 정비해서 새로 들어오는 사람에게
자리도 만들어주고 그러는 건데, 기존의 팀에는 이미
나눠서 하고 있는 일도 있고 팀워크라는 것도 있고…….

남자 직원3

학력이 별것은 아니지만, 우리 회사에서는
기획 분야 채용 공고에 대졸이라고 명시를 해놓고 있는데
형평성 문제가 걸려서, 물론 이게 중요한 것은 아니지만,

절차상의 문제도 있고…….

남자 직원 3의 말이 끝나자마자, 몇 자리 건너 여자 직원 1이 (자기 차례도 아닌데) 갑작스럽고도 조심스럽게 말을 꺼낸다.

여자 직원 1

저…… 그렇게 되면

복사는 누가 하고 단순 교정은 누가 보죠?

돌연 중요한 사실을 깨달았다는 듯이 직원들이 술렁거린다. 여자 직원들은 매우 흥분한다.

여자 직원 2

저는 커피 타는 일 같은 건 절대로 할 수 없어요.

여자 직원 3

우리는 남자 직원들과 똑같이 대학 나와서

시험을 보고 회사에 들어온 거예요.

커피 타러 이 회사에 들어온 것은 아니라구요.

미리 말해두지만, 그런 일이 생기면 당장 사표를 쓰겠어요.

잠바를 입고 소박하게 생긴 남자 직원 하나가 발끈하며 일어선다.

남자 직원 4

다들 왜 이러시는 겁니까?

마치 기획 일이라는 것이 다른 일보다

굉장히 어렵고 잘난 일인 것처럼 그러시는데,

저는 그렇게 생각하지 않습니다.

저는 영업팀입니다. 수금 일이 고되고 힘들지만,

언제나 정직하고 성실하게 일하려고 노력하며

그게 자랑스럽습니다.

저는 누구한테나 그렇게 말하고 있습니다.

만약 은희 씨가 영업 일을 하고 싶다면

언제든지 저희 팀으로 와도 좋습니다.

역시 소박한 차림의 몇몇 직원들이 책상 밑으로 조그맣게 박수를 치거나 입속으로 '옳소!' 하면서 찬성을 하고, 기획팀의 직원들은 "얘기가 그게 아니지 않습니까?", "우리도 은희 씨가 온다면 물론 환영입니다, 단지 일반론이 그렇다는 거지요."라는 둥 개인적으로 항변을 한다. 어수선한 회의 분위기를 뚫고 지석 씨가 일어선다.

지석 씨

여러분……, 기획팀이든 영업팀이든

본인의 의향이 중요한 게 아니겠습니까?

은희 씨 얘기를 들어보는 게 어떨까요?

모두들 점차 입을 다물고 은희를 쳐다본다. 은희는 주눅이 들어서 음음 목을 고르다가, 말을 시작한다.

은희

여러분 말씀이 모두 맞다고 생각하고요…….
사실 저는 너무 갑작스러운 일이라 잘 모르겠는데요…….
제 생각엔…… 제 생각엔……

은희는 갑자기 기침을 하기 시작한다.

은희

(기침을 참으려고 애쓰며)
죄송합니다, 죄송합니다…….
그러니까 제 생각엔……

다시 한번 멈출 수 없는 기침 발작.

부장님

에……, 좋아요. 회의 시간도 거의 다 됐고……
아무도 반대하지 않으니까……
모두의 의견을 따라서 은희 씨는
내일부터 기획팀에서 일하는 것으로 합시다.

19 사무실 앞 거리, 낮

빌딩이 줄지어 서 있는 거리. 지나다니는 사람들 사이로 낙엽이 쓸려 다닌다. 가을이다.

20 회의실, 낮

기획팀 직원들과 부장이 참석한 기획 회의. 상기된 얼굴로 열띠게 의견을 발표하고 있는 직원들. 정치 토론회를 방불케 한다. 시큰둥한 표정으로 책상에 놓인 서류만 보고 있는 지석 씨. 은희는 이쪽저쪽으로 고개를 돌리며 열심히 받아 적고 있다.

남자 직원1

아시다시피 출판계에서는
우리의 다음 기획을 주목하고 있습니다.
그런 만큼 우리는 시장의 성공 못지않게
퀄리티에도 신경을 쓰지 않을 수 없습니다.
동화도 문학입니다.
우리는 그것의 예술적 측면을 간과해서는 안 됩니다.
새로운 작가를 발굴하고 지원하는 데
아낌이 있어서는 절대로 안 될 것입니다!

여자 직원3

그러나 어떤 기획의 성공 여부는 무엇보다

시장의 반응에서 결정이 나는 것 아닙니까?
그것들을 따로 떼어내어 생각할 수 없다는 것을
민수 씨는 자주 잊으시는 것 같아요. 시장의 동향을 읽고
독자들의 요구를 주의 깊게 수용하는 것,
그것이야말로 출판 기획의 기본이 되어야 합니다.

남자 직원 3

그렇지만 수진 씨,
우리 회사는 그 자체로 규모가 별로 크지는 않아도
국내 굴지의 출판사를 등에 업고 있습니다.
우리 출판사의 사회적 역할을 간과할 수 없다는 것입니다.
어린이 출판물 시장의 트렌드를 주도하고 있는 것은
우리입니다. 우리가 시작하면 시장은 따라옵니다.
시장의 반응에 초연하면서도 어린이 출판사도 뭔가
할 수 있다는 것을 보여줘야 합니다. 언제까지나
시장에 끌려다녀서는 혁신이란 있을 수 없습니다.

여자 직원 2

모두 다 일리 있는 말씀이기는 합니다만,
우리는 이미 이번 기획을 구태를 벗은 새로운 방식으로
진행하자는 것에 합의하지 않았습니까?
그러므로 이번 회의에서는 원론적인 논의들을 좀 접고
구체적인 내용에 초점을 맞추는 것이 좋을 것 같습니다.

남자 직원1

좋은 지적이십니다.

그러면…… 어떻게 이야기를 시작해볼까요?

여자 직원2

음…… 제 의견을 말씀드리자면……

이번 기획에서 강조되어야 할 부분 중 하나는 타깃으로 하는

독자층을 어린이에 한정시켜서는 안 된다는 것입니다.

어린이는 점점 영악해져가고

어른들은 단순해지기를 원하지요.

어린이와 어른이 함께 읽으면서, 둘 사이의 간격을 좁히고

서로 공유할 수 있는 부분을 발견하는 책을

만들어야 한다는 겁니다. 이런 것이 바로

부모, 자식 간 대화의 바탕이 되는 것이고,

나아가 사회 통합의 초석이 되는 것입니다……!

가만히 듣고 있던 지석 씨가 고개를 들고 느릿느릿 말을 꺼낸다.

지석 씨

아까부터 구체적인 논의를 해보자고 했지만,

전혀 되고 있지 않은 것 같습니다.

이런 것을 이야기해보면 어떨까요?

우선 이번 기획의 규모를 어느 정도로 잡을 것인지,

어떤 작가를 위주로 섭외를 할 것인지,
그 기준은 어떻게 될 것인지,
누가 어떤 부분을 맡아서 진행을 할 것인지……

직원들은 어처구니없다는 표정으로 서로의 얼굴을 보면서 술렁거린다. 부장님은 지석 씨의 말을 무시하고 시계를 보면서,

부장님

어, 그럼, 회의는 여기까지 하는 것으로 하고,
오늘 얘기된 부분을 바탕으로 누가 기획안을 쓰도록 하지.
이 기획안을 가지고 금요일 날 있을 사장님 이하
본사 간부들이 참석하는 프레젠테이션을 하게 될 텐데……
그게 얼마나 중요한지는 여러분도 잘 아실 것이고…….

남자 직원1

은희 씨는 아무 말도 안 하고 다 받아 적었으니까
기획안은 은희 씨가 쓰면 어떨까요?

여자 직원1

어, 그러면 되겠네요. 은희 씨가 다 적었다니까.

다들 동의하면서 각자 자료들을 챙긴다.

부장님

은희 씨, 괜찮지?

은희가 머뭇거리는 사이 다른 직원들은 그런 줄 알고 일어나버린다.

21 사무실, 낮

은희는 서류를 들고 컴퓨터 앞에 앉아 있는 남자 직원 1에게 다가간다.

은희

저, 민수 씨, 제가 기획안을 작성하는 양식을

몰라서 그러는데요…….

남자 직원 1

어…… 지금 제가 다른 업무 때문에 너무 바쁜데……

(갑자기 전화가 오고, 남자 직원 1은 수화기에 손을 가져가며,

다른 손으로는 남자 직원 2를 가리킨다.)

저기, 기환 씨에게 물어보시겠어요?

은희는 서류철에서 서류를 정리하고 있는 남자 직원 2에게 다가간다.

은희

기환 씨, 기획안 양식 때문에 그러는데,

제가 처음이라 잘 몰라서요…….

남자 직원 2

(은희를 흘끗 돌아보면서)

그건…… 제 담당이 아니거든요.

그건 수진 씨가 잘 알아요.

은희는 여자 직원 2와 이야기하고 있는 여자 직원 3에게 다가간다. 여자 직원 2와 여자 직원 3은 옆에서 기다리고 있는 은희에게 주의하지 않고 잡담에 가까운 이야기를 계속한다.

은희

저기, 수진 씨, 미안하지만,

잠깐 뭐 좀 물어봐도 될까요?

여자 직원 3은 친절을 가장한 얼굴을 하고 은희를 돌아본다.

은희

(비굴한 미소를 띠며)

제가 아무래도 이런 일이 처음이라

기획안 쓰는 양식을 잘 모르겠거든요.

여자 직원 3

(여전히 만들어진 웃음을 띠며)

기획안 양식을 모른다는 게 무슨 뜻이죠?

정확히 뭘 모르신다는 거예요?

은희

아…… 그러니까……

혹시 전에 썼던 기획안이라도 가지고 있는 게 있으면

제가 좀 참고했으면 좋겠는데…….

여자 직원 3

음…… 그건 좀 무리한 부탁인데요.

은희 씨가 아무리 같은 팀에 배정되었다고는 하지만,

내가 전에 한 일들을 전부 은희 씨한테 검사받고 싶지는

않아요. 필요한 게 있으면 저쪽 서류철에서 찾아보세요.

은희는 서류철 쪽으로 다가가서 서랍을 열고 서류들을 부주의하게 꺼내기 시작한다. 뭐가 뭔지 모르겠으니까, 다른 서랍을 열어 서류들을 더 꺼내본다. 남자 직원 2가 짜증스러운 표정으로 다가온다.

남자 직원 2

뭐 하고 있는 거예요, 은희 씨?

기획안
기획안
기획안
기획안

은희

그게…… 저…… 혹시 참고할 만한 자료가 있나 해서…….

남자 직원 2는 은희가 열었던 서랍의 서류들을 다 꺼내서 신경질적으로 다시 정리하며,

남자 직원 2

아…… 참…… 이거, 제가 아침 내내 정리해둔 겁니다.
이렇게 마구 들추시면 곤란해요. 필요한 서류가 있으면,
정확히 언제 작성한 무슨 서류인지 말씀만 하세요.
제가 찾아드릴 테니까…….

은희

(당황하며)

미안해요, 기환 씨. 제가 잘 몰라서…….

은희는 머쓱해서 돌아선다. 창가 자리에서 일하던 지석 씨가 이 모습을 보고 있다.

22 화장실, 낮

은희는 찬물에 세수를 한다. 얼굴을 들어 거울을 본다. 화장실 칸막이 뒤쪽에서 물 내리는 소리가 들린다.

여자 직원 1은 화장실 문을 열자마자, 물이 뚝뚝 떨어지는 채로, 바로 앞에서 기다리고 있는 은희의 얼굴과 마주친다. 여자 직원 1은 깜짝 놀라 "아악" 비명을 지른다.

은희

(애원조로)

기획안 쓰는 양식 좀 가르쳐주세요, 현주 씨…….

여자 직원 1

은희 씨!

여자 직원 1은 은희를 피해 삥 돌아 세면대로 가면서,

여자 직원 1

사람을 이렇게 놀래키는 법이 어딨어요!

은희는 손을 씻는 여자 직원 1에게 다가가면서,

은희

좀 부탁드려요…….

여자 직원 1

(수건에 손을 닦으며 시계를 본다.)

게다가 지금은 업무 시간도 아니잖아요.

나중에, 점심시간 끝나고 얘기해요.

여자 직원 1은 아직 놀란 가슴이 진정되지 않는지 "아휴, 참……." 가슴을 쓸어내리며 화장실을 나선다. 불만스럽게 은희를 한번 돌아본다.

23 복도, 낮

은희는 화장실에서 나오다가 복도 코너 뒤쪽에서 들려오는 직원들의 대화를 듣는다.

남자 직원 1(소리)

그 사람은 부지런하긴 한데 영 눈치가 없어서…….

여자 직원 3(소리)

차라리 눈치가 빠르고 안 부지런한 게 낫지 않아요?

24 계단 쪽 흡연구역, 낮

남자 직원 1, 2, 여자 직원 1, 2, 3이 각자 커피나 담배 같은 것을 들고 창가에 있는 소파 둘레에 앉거나 서 있다.

남자 직원 2

예, 그게 피차 편하지요, 하하.

여자 직원 1

저는요, 눈치가 안 빨라도 좋으니까 그렇게 부지런하지만 않았으면 좋겠어요. 어찌나 놀랐던지, 아휴…….

(고개를 절레절레 젓는다.)

자기들은 굉장히 영리하다는 듯이 다 같이 웃는 직원들.

25 복도, 낮

직원들의 웃음소리를 들으면서, 은희는 발소리가 안 나도록 조심하며 사무실로 향한다.

26 사무실, 낮

은희는 자기 자리에서 망연히 손을 놓고 앉아 있다. 잠시 후 은희는 숨을 크게 들이쉬고, 자기 자리에 있는 서류들과 볼펜, 컵, 수첩 등을 한쪽으로 치워 정리한다. 책상 한가운데에 기획안에 관련된 자료를 올려놓고 자세를 똑바로 한 뒤 그 위에 두 손을 가지런히 올려놓는 은희. 결심이라도 하듯 다시 숨을 크게 쉰다.

27 부장실, 낮

은희는 자료를 안고 부장실 문을 두드린다. 안에서 들리는 "네에……." 하는 대답 소리. 부장님은 서류 더미에서 고개를 든다. 은희는 조심스럽게 부장님 책상 옆으로 다가간다.

은희

부장님,

저, 기획안 말씀인데요.

부장님은 잔뜩 웅크리고 뭔가 쓰던 자세 그대로 고개만 살짝 들고, '근데?' 하는 표정.

은희

아무래도 제가 쓰는 건 무리인 것 같아요…….

부장님

(몸을 천천히 일으키며)

왜?

은희

어떻게 써야 하는지 저는 잘 모르겠……

부장님

(볼펜을 탁 내려놓으며)

도대체 뭘 모른다는 건가!

내용이야 이미 회의 시간에 다 이야기되었던 것이고,

은희 씨가 특별히 더 할 일이 뭐가 있나?

양식? 양식으로 말하자면, 그것은 간단한 것 중에도 간단한

것으로 도무지 물을 거리도 되지 못하는 거지!

세상에 기획안 양식이 하나로 정해져 있는 것도 아니고,

내용을 찬찬히 들여다보면 알맞은 양식은

저절로 떠오르는 거 아닌가? 그래도 정 모르겠으면

그냥 관례를 참고하면 되는 거야.

남들이 하는 대로! 남들이 하는 대로!

(말을 하다 보니 점점 더 화가 나는지 목소리가 계속 커진다.)

이렇게 바쁜 내가 일일이 그런 것까지 알려줘야 하나?

나는 더 중요하고 큰 문제만으로도

머리가 복잡한 지경인데…….

은희

(중얼거리듯)

죄송합니다…….

은희는 부장님의 기세에 눌려 그대로 돌아서려고 하지만, 부장님은 분이 풀리지 않은 듯 벌떡 일어나 창밖을 바라보면서 신경질적으로 손마

기획안
사직서

디를 꺾으며 이야기를 계속한다.

부장님

은희 씨가 이러면 내가 정말 곤란해.
은희 씨의 성실함만 믿고 내가 무리해서
일을 맡긴 거 아닌가. 특별히 기회를 준 거라고.
금요일 프레젠테이션이 얼마나 중요한지
모르고 이러는 건가?
그게 잘못되면 나도 은희 씨를 위해 해줄 수 있는 게 없어.
그걸 알아야 해.

부장님은 눈을 지그시 감더니 감정이 다 가라앉았는지 다시 서류로 돌아간다. 은희가 목례를 하고 나가려고 할 때, 부장님이 고개를 들지도 않고 덧붙인다.

부장님

여기는 은희 씨 집도 아니고 학교도 아니야.
징징거린다고 절대로 도와주지 않아. 모른다고 하지 마.
월급 받고 일하면서 학생처럼 굴면 쓰나.
다 알아서 하라고. 그리고 결과를 깨끗하게 책임지는 거야.

28 사무실, 밤

'기획안'이라고 써진 글자 옆에 커서가 깜빡거리고 컴퓨터가 돌아가는 소리. 그 앞에 멍하니 앉아 있는 은희. 남자 직원 1이 파티션 너머로 은희에게 서류를 내밀면서,

남자 직원1

은희 씨, 내가 정말 바빠서 그런데,
이것 좀 카피해주면 안 될까? 열 부 정도씩만…….

은희는 힘없이 서류를 받아들고 일어선다. 여전히 깜빡거리는 '기획안'이라는 글씨.

29 사무실, 밤

은희가 돌아와 자리에 앉자, 다른 직원들은 퇴근하려는 분위기다. 직원들은 짐을 챙기고, 저녁은 뭘 먹을지 상의하고, "은희 씨 퇴근 안 해요?" 짐짓 물어보기도 하다가, 명랑하게 "그럼, 내일 보자구요." 인사하면서 퇴근을 한다. 지석 씨도 머뭇거리다 "은희 씨, 그럼 수고하세요……." 하면서 다른 직원들과 함께 나선다.

문이 닫히는 큰 소리와 함께 갑자기 휑해지는 사무실. 다시 '기획안'이라는 글씨와 깜빡거리는 커서를 마주하는 은희. '기획안'이라는 글자를 조심스럽게 지우고 '사표'라고 쓴다. 괴로운 표정.

암전.

30 은희의 환상

'딸랑' 하는 맑은 종소리와 함께, 검은 허공에 각각 '기획안'과 '사직서' 라고 크게 쓰여진 종이 두 장이 펄럭이며 서서히 멀어져 간다.

아기 목소리(소리)

엄마는 도대체 뭘 바라요? 끝까지 이렇게 살아가길 원해요?

나에게 어떤 삶을 주시겠어요?

왜 그 사람들에게 말하지 못했어요?

그까짓 거지 같은 기획안 당장 써주겠다고, 걱정 말라고.

말해보세요, 엄마.

사표를 쓰시겠어요, 기획안을 쓰시겠어요?

사표를 쓰시겠어요, 기획안을 쓰시겠어요……?

종이 두 장이 점이 되어 사라지고, 암전.

31 사무실, 밤

앉은 채 깜빡 잠이 들었던 은희는 옆에서 부스럭거리는 소리에 퍼뜩, 깨어나 다시 작업을 하는 척한다. 지석 씨가 자기 자리에서 뭔가를 분주하게 찾는 척하고 있다.

지석 씨

(서랍을 뒤지며)

잘되어가요, 은희 씨?

은희

(사표라고 써진 글씨를 지우고 다시 기획안이라고 적으며)

예……. 그런대로요.

생각보다 어렵지 않네요…….

서랍을 뒤지던 지석 씨는 갑자기 자기 가방을 열더니 서류를 꺼내 은희에게 들고 온다.

지석 씨

(헛기침을 하면서)

저한테 아이디어가 있는데요,

회의에서 이야기하기 전에 은희 씨와 먼저

상의하고 싶어서요.

지석 씨는 은희의 옆에 앉아 자기가 쓴 기획안을 보여준다.

지석 씨

보시다시피 여기 이 기획 의도는

회의에서 이야기했던 부분에다 제가 몇 가지 덧붙여봤어요.

이 타깃 독자층 분석은 저번에 제가 작성했던
보고서를 바탕으로 했습니다. 진행 순서나 예산 같은 건
제가 그냥 한번 뽑아본 건데, 보시겠어요?

지석 씨는 하나하나 짚어가면서 사실상 기획안을 쓰는 법을 설명한다. 은희는 적당히 맞장구치면서, '기획 의도'니 '독자층 분석'이니 하는 말들을 입속으로 반복한다.

지석 씨

(종이를 넘기다가 어떤 부분을 가리키며)

사실은 이 부분이 새로운 겁니다.
이제껏 했던 기획과 달리
이런 식으로 다시 생각을 해봤어요. 보세요.
만약 이게 받아들여지면 훨씬 일이 단순해지겠죠…….
은희 씨는 어떻게 생각하세요?

은희

예에에……, 저도 그게 좋은 것 같아요.

지석 씨

(얼굴이 밝아지며)

그래요? 잘됐네요. 좀 파격이라
다른 사람들이 어떻게 생각할지 몰라서 걱정했어요.

(기획안을 넘겨주며)

은희 씨가 같이 제안해주신다면 큰 힘이 될 겁니다.

기획안을 쓸 때 이걸 꼭 좀 참고해주세요.

은희

(기획안을 넘겨받으며)

그럴게요……. 고맙습니다.

은희는 걱정이 가셔서 얼굴이 환해진다.

32 롯데리아, 밤

햄버거가 나오는 것을 알리는 차임벨 소리. 예의 롯데리아 직원이다.

롯데리아 직원

불고기버거 세트 하나, 치킨버거 하나,

콜라 하나 나왔습니다, 손님.

(예의 롯데리아 미소를 짓는다.)

은희와 지석 씨는 창가 자리로 가서 나란히 앉는다. 은희는 너무 반갑다는 듯이 불고기버거의 포장을 벗긴다.

은희

지석 씨, 정말 안 먹어도 돼요?

지석 씨

저는 저녁 먹고 왔거든요.

은희는 불고기버거를 내려놓고 치킨버거의 포장을 벗겨 한 입 먹은 뒤, 양손에 들고 번갈아 가면서 한 입씩 먹는다.

지석 씨

은희 씨는 정말 대단해요.

은희는 햄버거를 입에서 떼지 않는 채로 의아한 눈을 지석 씨에게로,

지석 씨

그 모든 걸 어떻게…… 내 말은……

그 모든 걸 어떻게 견디죠?

그러니까…… 오늘만 해도……

모든 일들이 너무…… 은희 씨를 힘들게……

지석 씨가 어렵게 뭔가를 말하려고 하는데, 은희는 '아, 그거 말이냐.' 가볍게 알아챈 듯 다시 햄버거를 먹으며,

은희

그런 건 아무렇지도 않아요, 지석 씨.
사람들이 저한테 그러는 건 너무 당연해요.
나는 머리가 나쁘고 눈치도 없어요.
주의가 산만해서 딴생각을 하다가 맨날 실수를 하죠.
특별히 잘 하는 것도 없는데다 혼나지 않으면
일을 못 하구요. 어렸을 때부터 그랬으니까
그런 일엔 익숙해요. 걱정 말아요.

지석 씨

그렇지 않아요, 은희 씨.
은희 씨는 누구보다 성실하고 능력 있는 사람이에요.
용기도 있고 인내심도 있죠.
나 같으면 절대로 그렇게 못 할 겁니다. 은희 씨가 아무런
불평도 없이 그런 수모와 괴로움을 참아내는 걸 보고 있으면
거기에 무슨 깊은 뜻이 있는 게 아닐까 싶을 정도예요.
사람들이 왜 그걸 못 보는지 모르겠어요.

지석 씨는 얼굴이 빨개져서 한 단어, 한 단어 열심히 말을 하지만, 은희는 유리창 앞만 보면서 햄버거를 먹는 데 열심일 뿐 지석 씨와의 대화는 건성이다.

은희

당치 않아요. 그런 거 없어요.
모두들 그렇게 살잖아요. 하루하루가 참을 수 없이
똑같고 하찮은 것처럼 보일지 몰라도,
그렇게라도 살기 위해서
모두들 열심히 노력하고 있는 거잖아요.
아니면 더욱 나빠질 테니까요.
모르죠……, 그러다 보면 어느 날 짜잔 하고
정말 새로운 일이 생길지도.

지석 씨

새로운 일이요?

은희

그러니까, 음……
겉으로는 잘 안 보이지만 우리 안에서
무엇이 자라고 있는지 누가 알겠어요?

알 수 없는 말들을 알아듣기 위해 지석 씨는 인상을 점점 찌푸리며 은희 쪽으로 다가가고, 은희는 말을 멈추고 다시 햄버거를 먹던 자세로 돌아간다.

은희

아, 참. 어떻게 참는지 정말 궁금해요?

비법을 가르쳐줄까요?

은희는 입에 묻은 소스를 닦으며 햄버거를 내려놓는다. 눈을 반짝이며 지석 씨 쪽으로 돌아앉는다.

은희

그 자리에 다 있지 않고 딴 데에 잠깐 갔다 오는 거예요.

나를 잘 보세요. 내가 여기서 지석 씨랑

몇 퍼센트나 같이 있었던 거 같으세요?

지석 씨는 무슨 소린가 하고 은희를 쳐다보고만 있다.

은희

60퍼센트. 그 정도만 여기 있었어요.

몰랐죠?

지석 씨

그럼, 나머지는 어디 있었는데요?

은희

그건 몰라도 되구요. 자, 지석 씨도 한번 해보세요.

여기에 있으면서 다른 데에도 좀 갔다 온다고
생각하는 거예요. 해보면 쉬워요. 자…….

지석 씨와 은희는 마주보고 앉아서 진지하게 '그 자리에 앉아서 딴 데 갔다오기'를 연습한다.

33 회의실, 낮

지석 씨는 파워포인트를 오퍼레이팅 하고 있고 은희는 그 앞에서 뭔가를 설명하고 있다. "이상입니다." 은희의 말이 떨어지자 불이 켜지고 사람들이 박수를 친다. '본사의 높은 분'인 듯한 사람들은 환한 웃음을 띠고 박수를 치면서 부장님 쪽으로 몸을 기울여 치하를 하는 듯하다. 그 앞에서 인사를 하고 있는 은희와 지석 씨.

34 은희의 집으로 가는 길, 밤

환한 보름달이 떠 있고, 언덕에 다닥다닥 집들이 붙어 있는 은희의 동네. 골목 사이로 은희와 지석 씨의 웃음소리가 울려퍼진다. 둘은 춤추는 것 같은 걸음으로 언덕길을 올라가면서 서로를 마주보고,

지석 씨

(사장님의 목소리를 흉내 내어)

훌륭해요. 전에 없이 훌륭해요.

은희

(사장님의 목소리를 흉내 내어)

역시 새로운 사람들 머리에서

참신한 아이디어들이 나오는군요.

지석 씨

(사장님의 목소리를 흉내 내어)

누가 이 기획안을 작성했죠?

은희와 지석 씨

(합창으로)

이은희 씨와 안지석 씨죠.

둘은 악수를 하고 다시 웃음을 터뜨린다. 술에 취해 시종 느린 동작. (은희가 저번에 토하느라 멈춰 섰던) 가로등이 있는 두 갈래 길에 도착하자 둘 사이의 웃음이 점차로 가시고 어색해진다.

지석 씨

(다시 예의를 차리며)

저는 이만 가볼게요. 너무 늦었네요.

지석 씨는 허리를 숙여 천천히 인사를 하고 언덕길을 내려간다. 은희는 지석 씨의 뒷모습을 바라보다가 지석 씨를 불러 세운다.

은희

지석 씨!

은희는 지석 씨에게 다가가 손에 들고 있던 봉투에서 햄버거 하나를 꺼내서 건네주며,

은희

가면서 드세요.

지석 씨

아니에요. 괜찮아요.

은희

가져가세요. 저는 여기 몇 개 더 있어요.

(봉투를 열어 보여준다.)

지석 씨

아니, 아니에요.

(잠깐 망설이다가)

사실은 햄버거를 잘 못 먹어요.

왜 그런지 햄버거를 먹을 때마다 죄책감이 들거든요.

(씩 웃는다.)

은희는 이제까지 지석 씨를 한 번도 제대로 본 적이 없었다는 듯이, 지석 씨의 얼굴을 새롭게 바라본다.

은희

그럼……, 우리 집에 가서 다른 거 뭐라도
들고 가지 않겠어요?

35 은희의 방, 밤

길 쪽으로 난 창의 맞은편에 커피와 초코파이를 앞에 두고 지석 씨가 얌전하게 앉아 있다.

지석 씨

별거 아니에요. 어렸을 때, 왜 그런지 몰라도
그렇게 햄버거가 먹고 싶었어요.
그런데 저희 어머니는 절대로 햄버거 같은 걸 못 사 먹게
하셨거든요. 제가 햄버거를 사 먹는 게 마치
어머니한테 큰 모욕이라도 되는 것처럼요.
아니, 물론 다 저를 위해서 그러셨던 거지요.
하여튼 그때는 다른 애들 햄버거 사 먹는 게 그렇게
부러울 수가 없었어요. 왜 엄마들이 일하는 애들
있잖아요. 걔네 엄마들이 저녁 때 들어오면서
햄버거니 치킨이니 피자 같은 거 사다주는 게 너무

부러웠어요. 그래서 어른이 되면 햄버거를 저 메뉴판
맨 윗줄부터 아랫줄까지 다 사 먹겠다고 다짐했어요.
취직을 하고 월급을 타서 어느 날 드디어 햄버거를
먹으러 갔어요. 그런데 한 입을 딱 먹고 나니까
도저히 먹을 수가 없는 거예요.
맛이 없어서가 아니었어요. 오히려 너무너무 맛있었어요.
상상했던 그대로였어요. 그런데, 목이 조여 오면서,
삼킬 수가 없더라구요. 어머니 얼굴도 떠오르고,
그냥 삼킬 수가 없더라구요.

맞은편에서 앉아 있는 은희는 눈도 깜빡이지 않고 이야기를 듣다가 눈물을 글썽인다.

지석 씨

(멋쩍게 웃으며)

이런 얘기 괜히 했죠.

은희는 현기증이 나는 듯 머리에 손을 가져간다.

은희

저 좀 안아주시겠어요, 지석 씨?

지석 씨

예?

은희는 갑자기 벌떡 일어서서 돌아선다. 은희의 목소리가 아닌 것 같은, 예의 낮은 목소리.

은희

아니에요. 됐어요. 그만 가세요.

지석 씨는 은희의 뒤로 다가가서 망설이며 은희의 어깨에 손을 얹는다. 은희는 손을 뿌리치며 지석 씨 쪽으로 돌아선다.

은희

부탁이에요. 손대지 마세요.
남자들은 도대체 뭘 바라는 거지요?

지석 씨는 은희를 끌어안는다.

은희

(지석 씨를 떼어내려고 노력하지만 잘 안 떨어진다.)
어떤 남자도 저를 만진 적 없어요.
나는 아파요. 나는 냄새가 나요. 나는 어린애예요…….

지석 씨는 은희에게 키스한다. 은희는 눈을 감는다.

은희(소리)

아기야, 잠깐만 눈을 감아.
모른 척해줘, 이번 한 번만.
딱 한 번만.

지석 씨는 딴생각을 하는 은희를 보고, 은희의 어깨를 잡아 흔든다.

지석 씨

은희 씨, 여기 있는 거 맞아요?
몇 퍼센트나 여기 있는 겁니까?

은희는 적극적으로 지석 씨를 다시 끌어당겨 키스한다. 둘은 우당탕거리며 바닥으로 쓰러지고 어설픈 동작들이 한참 이어진다. 은희가 지석 씨의 바지에 손을 가져가자, 지석 씨는 깜짝 놀라서 은희의 손을 뿌리치고 일어난다.

지석 씨

잠깐만요, 잠깐만요.

지석 씨는 황급히 일어서면서 옷과 머리를 매만진다.

지석 씨

이러려고 그런 게 아니었어요.

은희

알아요. 알아요. 괜찮아요.

지석 씨

아니에요, 사실은 그게 아니라…….

지석 씨는 돌아앉아 훌쩍이기 시작한다. 은희는 지석 씨의 머리를 쓰다듬는다.

지석 씨

저는 못 해요…….
도저히 해낼 수 있을 거 같지 않아요.

은희

그런 건 괜찮아요. 걱정 말아요.

지석 씨

너무 부끄러워요…….

은희

나도 비밀을 말해줄게요…….

(쑥스러운 듯 미소 지으며)

사실은 나…… 아기를 가졌어요.

지석 씨는 무슨 말인가 싶어 눈물 젖은 눈을 들어 은희를 바라본다. 은희는 햄버거를 먹어서 많이 나온 배를 보여준다.

은희

봐요, 이젠 배가 꽤 나왔죠?

아기가 움직이는 것도 느껴져요. 자…….

은희는 자기 배를 가리키며 지석 씨에게 귀를 대어볼 것을 권한다. 꾸륵꾸륵 소리만 나는 배 속, 잘 모르겠다는 지석 씨의 반응. 지석 씨는 뭔가 말이 안 되는 것 같은 생각이 든다.

지석 씨

잠깐만요, 아까 은희 씨가 분명히……

은희

물론 생각하기에 따라선 좀 당황스러운 일이 될 수도 있어요.

하지만 의사들이 뭐라고 하든 전 상관없어요.

아기를 가진 건 바로 저니까요.

그 문제에 대해 가장 잘 알고 있는 사람도,

결정을 내려야 할 사람도 저예요.

지석 씨는 이 어려운 문제를 곰곰이 생각해본다. 그러나 어차피 생각해봐도 모를 테니까 그만 생각하기로 결심한다.

지석 씨

그럼요. 아기를 낳고 싶다면 낳아야죠.

은희 씨 아긴데요. 저는 은희 씨 편이에요.

의사 자식들은 똥이나 먹으라죠.

그놈들은 자기들 뱃속 채우는 거 말고는 아무것도 모르는

놈들이에요. 무슨 일이 있었는지는 모르지만

얘기하고 싶지 않다면 얘기하지 말아요.

저는 은희 씨를 믿어요.

은희

(방긋 웃으며)

그러니까, 우리는 좀 기다려야 해요.

무슨 말인지 아시겠죠?

지석 씨도 안심이 되어 은희를 마주보고 활짝 웃는다. 둘은 적당히 떨어져 단정히 앉아 다시 차를 마신다. 은희가 공손하게 말한다.

은희

앞으로는 나를 만지기 전에 나한테 꼭 물어봐주세요.

아기가 놀랄지도 모르니까요.

지석 씨

(자신 있게)

그래야죠. 걱정 마세요.

36 사무실, 낮

부장님

이은희 씨…….

부장님이 부장실에서 얼굴을 내밀고 은희를 부른다. 은희 책상 위의 전화벨이 울린다. 은희는 부장님이 부르는 소리에 일어섰다가, 입으로 부장님에게 '잠깐만요.' 하는 신호를 하고, 전화를 받는다.

어머니(E)

요새는 전화가 뜸하구나.

은희는 부장님 쪽을 흘끗 돌아본다. 부장님은 은희를 보고, '아이 바빠 죽겠는데.' 하는 표정으로 다시 부장실로 들어간다.

은희

좀 바빴어요. 어머니는 어떠세요?

어머니(E)

좋지 않아. 아주 좋지 않아.

은희

왜요?

어머니(E)

이빨 때문에 말이야. 이빨을 뽑아야겠어.
이참에 틀니를 할까 하는데 어떨지 모르겠다.

은희

틀니를 하시겠다구요?

어머니(E)

(한숨을 쉬며)
그래, 그렇다니까. 내가 틀니를 하게 되다니.
이제 할머니가 다 됐다.

부장님은 다시 부장실 밖으로 얼굴을 내밀며,

부장님

(입모양으로)

은희 씨, 잠깐만 보자니까…….

은희

(자리에서 일어서면서)

알았어요, 엄마. 조금 있다 얘기해요.

(전화를 끊는다.)

37 지하철, 밤

은희는 지하철을 타고 가면서 전화를 받고 있다. 지하철의 소음 때문에 큰 소리로 말해야만 하는 대화.

어머니(E)

조금 있다가 전화한다더니 왜 전화하지 않았니?

은희

엄마, 지금 들어가고 있어요.

집에 가서 전화드리려고 했어요.

어머니(E)

너는 엄마 일 같은 건 조금도 생각하지 않는구나.

니가 니 볼일 다 보는 동안

엄마는 이때껏 전화기 앞에서 기다렸다.

은희

죄송해요. 제가 좀 더 일찍 전화드려야 했어요.

어머니(E)

알았다. 아까 틀니를 할까 한다고 하는 데까지 얘기했다.

은희

저, 얼마나 든대요?

어머니(E)

얼마나 아프냐고 물어봤니……?

은희

예……, 얼마나 아프세요?

어머니(E)

그냥 다 뽑아버리고 싶구나. 다 뽑아버리고 싶어.

은희

의사는 뭐라는데요?

어머니(E)

너무 오래 써서 그렇다지, 뭐.

엄마는 이제 낡아서 너덜더널해져 간단다.

은희

저, 그런데, 얼마나 든다는데요?

어머니(E)

얼마나 걸리냐고?

은희

예……, 뭐…….

어머니(E)

글쎄…… 나도 빨리 해버렸으면 싶은데,

본을 뜨는 데 얼마가 걸린다더라?

은희

어머니, 여기 지하철 안이라서 잘 안 들리거든요.

제가 집에 가서 전화할게요.

38 은희의 방, 밤

조용하다. 은희는 수화기를 들고 전화기 선을 만지작거리면서,

은희

그런데요……, 어머니,

(또박또박)

'돈은' 얼마나 든대요?

어머니(E)

한 300만 원 정도라던가…….

은희는 놀라서 눈이 동그래진다. 유선 전화기 선을 만지작거리던 손을 멈춘다.

은희

(애써 차분하게)

그런데, 어머니…… 돈 가진 거 좀 있으세요?

어머니(E)

그게, 300만 원이면 비싼 게 아니라더라.

의사는 아픈 거 몇 개만 뽑고 임플란트를 하자는데,

그러면 돈이 600만 원, 700만 원이 든댄다.

그래서 내가 아예 다 뽑자고 그랬다. 어차피 나중에 또

골치 아파질 이빨이면 이번에 다 뽑아버리자고,
'내가' 그랬다. 아픈 게 문제겠니?
이렇게 살든 저렇게 살든 죽는 건 마찬가진데.
니가 돈이 어딨다고 내가 그 비싼 걸 하겠니?
그래도 남들은 다 그렇게 한다더라만.
다음달엔 또 니 동생 등록금도 내야 하고…….

은희

엄마, 저…… 그렇게까지는……
창욱이는 아르바이트 같은 거 안 한대요?

어머니(E)

창욱이 그 불쌍한 것이 공부를 한다고
날마다 도서관에 갔다가 늦게 들어오는데,
아르바이트할 시간이 어딨니?

은희

(어이가 없다는 듯)
창욱이가 도서관에 갔다 온다구요?

어머니(E)

얘는, 걔가 거짓말하는 거 봤니?
걔는 어렸을 때부터 나 속인 적 없다.

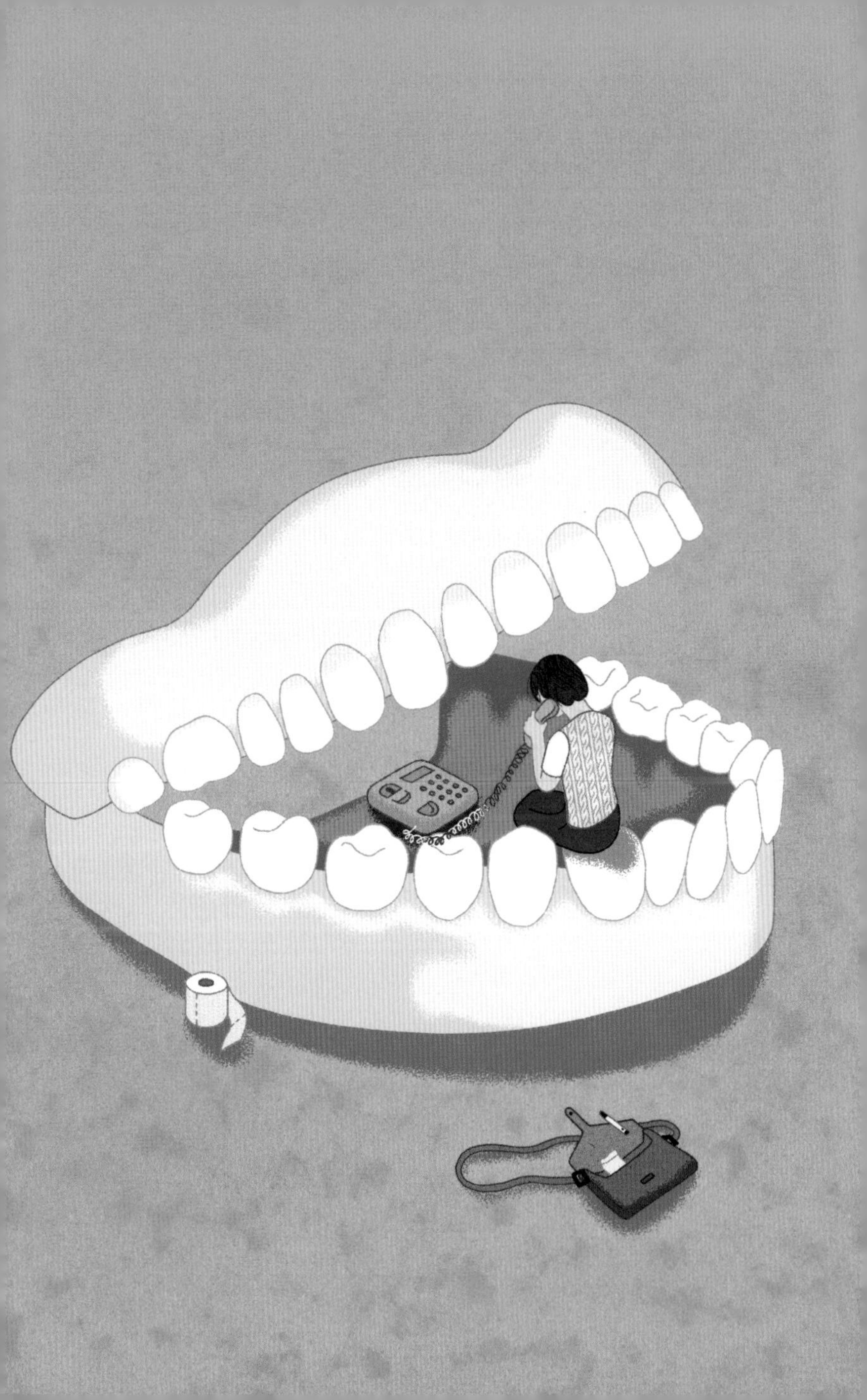

거짓말을 하는 애는 너였지.

은희

그렇게 열심히 공부를 했으면 장학금이라도 탔을 텐데요.

어머니(E)

너 정말 그러는 거 아니다.

공부를 안 해서 성적이 안 나오면 모르겠지만,

저는 한다고 하는데 안되는 걸 어떡하니.

날마다 12시까지, 새벽까지 도서관에 갔다가 오는 애를.

그렇게 해도 안되면 지 속은 어떻겠냐고…….

남들처럼 번듯하게 서울에 있는

대학에 다니는 것도 아닌데…….

은희

그럼, 창욱이더러 한 학기만 휴학하라고 하면 안 돼요?

어머니(E)

내가 이빨을 안 하고 말지.

자식이 공부할 돈으로 이빨을 하겠니?

이빨을 뽑아서 공부를 시켜도 모자른데……

너는 부모 심정을 너무 모른다…….

은희

아니에요, 어머니. 이빨은 하셔야죠.
그래도 창욱이 등록금까지는 제가 정말 힘들어서…….

어머니(E)

나도 안다. 왜 안 그렇겠니. 그래서 나도 생각을 해봤다.
우리……, 적금을 깨자꾸나.

은희

네? 무슨 적금이요?

어머니(E)

왜 너 적금 붓는 거 있지 않니. 이제까지 착실히 부은 거
지금 깨자면 아까운 생각이 들기도 하겠지만,
어차피 그 돈은 급할 때 쓰려고 모은 거 아니니.
내가 생각할 때, 우리가 이거보다 급할 때는 없는 거 같구나.

은희는 한숨만.

어머니(E)

이빨이 아픈 게 어떤 건지 넌 모를 거다.
이빨이 아파서 죽었다는 사람은 못 봤어도
나중에 차라리 죽을병이 걸리면 죽었지,

이빨 아픈 거는 못 참는 거다, 정말.

은희

이빨은요, 제가 어떻게든 꼭 해드릴 거예요.

그렇지만…… 적금은요, 어머니……

은희는 갑자기 얼굴을 찡그리며 배를 감싸쥔다.

어머니(E)

얼마나 아픈지 너는 모를 거야.

니가 그걸 몰라서 얼마나 다행인지 모른다.

그러니까 너도 이빨 간수를 잘 해야 하는 거야.

이럴 땐 돈이 문제가 아니야.

나는 젊을 때 이 악물고 살 줄만 알았지, 그런 건……

은희

(더욱 고통스러운 표정)

알았어요, 엄마.

제가 다시 한번 생각해보고 전화드릴게요.

지금은 배가 좀 아파서……

어머니(E)

(급하게)

그럼 끊기 전에 빨리 얘기를 끝내자꾸나…….

은희

제가 다시 전화드릴게요.

어머니(E)

내가 내일 아침에 다시 전화할까?

은희

'제가' 꼭 전화드린다니까요…….

어머니(E)

그럼 엄마는 아무 데도 안 나가고 집에 있을 테니까…….

은희는 재빨리 전화를 끊어버리고, 이불을 몸에 둘둘 감으며 괴로움을 참아낸다.

39 회의실, 낮

반쯤 열린 문으로 은희와 지석 씨가 테이블을 사이에 두고 앉아 있는 것이 보인다.

지석 씨

아니, 어머니가 그러시면 안 되죠.

은희 씨가 무슨 돈이 있다고!

지석 씨의 목소리에 몇몇 직원들이 흘끔 회의실 쪽을 쳐다본다. 은희는 서류에 뭔가를 적는 척하면서 지석 씨를 향해 목소리를 낮추라고 신호한다.

지석 씨

(목소리를 조금 낮추려고 노력하면서)

앞으로 병원비도 내야 하고 돈 쓸 일이 얼마나 많은데요!

그래서 어떻게 하기로 했어요?

은희

일단 다시 전화를 드리겠다고는 했는데요,

모르겠어요. 돈도 없구요.

아시다시피 제 상황도 이러니까…….

그렇지만 어머니에게 어떻게 말씀을 드려야 할지…….

지석 씨

어떻게 말씀드리긴요. 사실대로 말씀드려야죠.

'안 된다'고요. 안 되는 건 안 되는 거니까요.

은희

하지만 어머니가 이빨이 아프시면 큰일이지요.

동생이 공부를 계속 해야 하는 것도 사실이고……

지석 씨

그건 그쪽 문제구요.

은희 씨가 언제까지 모든 것을 책임질 수는 없잖아요.

은희

맘 같아선 그냥 이빨 하시라고 300만 원만 보내드리고

끝냈으면 좋겠는데요. 어머니가 어떻게 납득을 하실지…….

지석 씨

(확신에 차서)

제 생각엔 300만 원도 많습니다.

이빨은 공평하게 반씩 내는 걸로 하지요, 150만 원씩.

등록금은 동생이 알아서 하는 것으로 하고……

은희는 서류에 꾹꾹 눌러가며 낙서를 하고 있다가 고개를 든다. 기가 막히다는 표정.

은희

지석 씨! 무슨 생각을 하는 거예요?

우리 어머니가 무슨 돈이 있으시겠어요?
이빨이 아프시다잖아요. 그럼 이빨을 반만 하나요?

지석 씨

(주춤하며)

뭐, 그럼…… 300만 원을 내는 것으로 하고……
하지만 거기서 한 푼도 더 낼 수 없는 걸로……

은희는 볼펜을 내려놓는다.

은희

지석 씨는 정말 아무것도 모르는군요. 우리 어머니가
동생 학비도 없이 당신 이빨만 맞출 분인 줄 아세요?

지석 씨는 은희에게 목소리를 낮추라고 신호한다. 은희는 자기 얼굴을 지석 씨의 얼굴 쪽으로 가져가서 애써 낮춘 위협적인 목소리로,

은희

지석 씨는 한 번이라도 생각해봤어요?
저를 키우는 게 우리 어머니에게 얼마나 힘든 일이었겠어요?
아버지도 없이 우리 두 남매를 키워오신 거예요.
20년도 넘게! 20년도 넘게요! 상상이나 할 수 있어요?
남자들은 그런 거 모르죠. 끝내 모를 거예요.

그건 내 동생만 보더라도 확연한 일이에요.

은희는 다시 허리를 펴고 이야기를 계속한다.

은희

저 같은 딸을 두셔서 우리 어머니는 얼마나 불운하신가요?
어머니는 정말 아름답고 훌륭한 분이셨어요.
저 때문에 평생을 희생해서는 안 될 분이죠.
저만 아니었다면 어머니는 아버지와 결혼했을 리가 없고,
아버지와 결혼하지만 않았더라면 어머니는, 어머니는…….
저는 그것을 갚아야만 해요. 제 평생을 두고 갚아야 해요.
그래서 갚을 수만 있다면 얼마나 좋겠어요?
하지만 과연 그럴 수가 있을까요?
그런 생각을 하면 저는 너무 두려워져요.
제가 백 번을 다시 산다고 해도 어머니 같을 수는
없을 테니까요. 그러나 노력하는 수밖에 없죠.
무슨 수를 써서라도 그 일부나마 갚아야 해요.
그렇지 않고서는 세상에 태어난 이유가 없으니까요!
그렇지만 빚은 점점 커가고 있는데
저는 단지 조금씩밖에 못 갚고 있고…….
(탄식한다.)

지석 씨

(눈치를 보면서)

은희 씨, 하지만, 아기를 생각해보세요.

아기는 어떻게 하려고요?

은희는 한숨을 쉰다. 괴로운 표정이 역력하다. 고개를 저으며,

은희

모르겠어요, 모르겠어요…….

하지만 저는 젊어요. 일도 하고 있고 몸도 건강해요.

무슨 수가 있을 거예요. 대출을 받아서라도…….

만약 그럴 수 없다면……, 할 수 없어요…….

아이는 다시 가질 수 있으니까요. 그래요……,

이제 제가 어떻게 해야 되는지 알겠어요…….

은희는 굳게 결심하는 표정. 서류에 하고 있던 미로 같은 낙서가 마무리 지어진 모습.

40 은행 앞, 낮

은행에서 나오는 은희. 날카로운 바람이 불고 은희는 코트 깃을 여민다. 품안에 든 봉투를 소중하게 끌어안는다. 바삐 지나가는 사람들을 물끄러미 보다가, 나뭇가지 끝과 구름이 잔뜩 낀 하늘을 차례로 바라

보고, 길 저 끝에 시선을 멈춘다. 계단을 천천히 걸어 내려가 사람들 속으로 섞여 들어간다.

41 거리, 저녁

크리스마스 장식으로 반짝이는 거리. 환한 표정의 사람들. 손에 선물을 들고 둘씩 셋씩 짝지어 즐거이 걸어간다. 다른 사람들과 반대 방향으로 황망히 걷고 있던 은희 앞에 산타가 나타난다. 산타는 길에서 사람들을 붙잡고 호객을 하고 있다. 지나가려는 은희를 오른쪽, 왼쪽으로 장난스럽게 막아서는 산타. 은희는 거의 울상에 되어 끈질기게 따라붙는 산타를 피해 도망친다.

42 아기 용품 상점 앞, 저녁

간신히 산타를 물리치고 조용한 골목으로 들어선 은희. 숨을 돌리려는데, 오르골 소리가 울리는 환한 쇼윈도 앞에 서 있는 자신을 발견한다. 갑자기 주위가 조용해진다.

아기 용품을 파는 상점. 쇼윈도 안에는 하얀 배내옷을 입고 조잡한 말구유 모형 안에 눕혀진 아기 예수 인형, 그 주위를 둘러싸고 있는 마리아, 요셉, 당나귀, 목동, 멀리서부터 찾아오는 동방박사의 인형 같은 것들이 놓여 있다. 유리창에 붙어 서서 그것을 들여다보는 은희. 상점으로 들어선다. 유리창 안으로 쇼윈도의 인형들을 가리키면서 점원 아주머니에게 뭔가를 말하고 있는 은희의 모습이 보인다.

42-1 아기 용품 상점, 저녁

아주머니

(안에서 상자를 찾아 나오며)

사랑스럽죠?

어린 예수님이 입어도 부끄럽지 않을 옷이에요.

상자를 펼쳐 하얀 배내옷을 꺼내 보여준다.

아주머니

자, 얼마나 부드러운지 만져보세요.

봉투를 꼭 안고 있느라 꽁꽁 얼어 빨개진 은희의 손. 은희는 만져볼까 말까 망설인다.

아주머니

괜찮아요. 어서요.

아주머니의 재촉에 은희는 품에 안고 있던 봉투를 내려놓고, 아기 배내옷을 신기한 듯이 쓸어보다가 볼에 댄다.

아주머니

이걸로 드릴까요?

은희는 고개를 끄덕이며 머뭇거리며 봉투를 열어 지폐를 몇 장 꺼낸다.

아주머니

(미소를 지으며 포장을 한다.)

처음이죠?

은희는 고개를 끄덕인다.

아주머니

(상자를 건네주며)

곧 알게 될 거예요.

모든 아기들은 천사랍니다.

42-2 아기 용품 상점 앞, 저녁

은희가 문을 열고 나설 때, 눈이 내리기 시작한다. 은희는 하늘을 올려다본다. 크고 탐스러운 함박눈. 은희는 자기도 모르게 감탄하여 손을 내민다. 큰 눈송이 하나가 은희 품속으로 내려와 아기처럼 곱게 안긴다.

43 은희의 집으로 가는 길, 밤

은희가 홀린 듯한 표정으로 길을 걸어오고 있을 때, 지석 씨는 갈랫길

가로등 아래 벤치에 허리를 꼿꼿이 세운 채 정면을 보고 앉아 있다. 얼마나 오래 그러고 있었는지 그의 머리와 어깨, 콧잔등에 눈이 수북이 쌓여 마치 눈사람 같다. 은희가 지석 씨를 알아보지 못하고 지나치려는데, 지석 씨가 얼어붙은 입을 떼지 못해 간신히 손을 들어 은희를 멈춰 세운다. 은희는, 반가운 표정을 짓고, 지석 씨 옆자리에, 눈을 털고, 돈 봉투를 깔고, 아기 옷이 든 봉투를 소중히 무릎에 세우고, 앉는다. 둘은 눈 덮인, 더욱 덮여가고 있는 도시를 나란히 내려다본다.

은희

기적 같아요.

지석 씨는 뭔가 말을 하려고 입을 꿈틀댄다. 입가에서 눈이 떨어진다.

은희

서울이 이렇게 아름다워질 수 있는지 몰랐어요.

지석 씨

(간신히)

그렇습니까?

지석 씨가 눈을 털어내면서 말하자, 은희는 그제서야 돌아보며,

은희

(지석 씨의 머리에 어깨에 쌓인 눈을 털어주며)

어머, 지석 씨, 이게 웬일이에요?

44 은희의 방, 밤

지석 씨는 말끔하게 씻고 이불을 덮어쓰고 앉아 있다. 지석 씨 앞에는 김이 모락모락 나는 찻잔이 놓여 있고, 마주 앉은 은희의 앞에는 소주잔이 놓여 있다.

지석 씨

은희 씨, 부탁이에요. 아기를 어떻게 하지 말아요.
내가 생각을 해보았는데……, 돈 때문에 아기를
어떻게 해서는 안 돼요. 돈은 어디에나 있어요.
나한테도 있고 다른 사람들한테도 있고 은행에도 있고…….
하지만 아기는…… 다시 가질 수 있는 아기는
없어요, 은희 씨.

은희는 잠자코 술을 마신다.

지석 씨

저랑 결혼하면 왜 안 되나요?
둘이 열심히 노력하면 아이 하나 정도는

잘 키울 수 있을 거예요.

은희는 또 술을 마신다.

은희

지석 씨, 이 얘기 좀 들어보세요.
옛날 옛날에 어떤 처녀가 아기를 가졌어요.
그렇지만 아무도 처녀의 말을 믿지 않았고
처녀는 동네 사람들에게 쫓겨나 정처 없이 헤매 다니지요.
오직 처녀를 사랑하는 한 남자만이 그를 믿고
곁에 있어줘요. 결국 그 처녀는 시골에,
어디 짐승들이나 사는 지저분한 데에 가서
아기를 낳아요. 다른 아이와 하나도
다를 바 없는 조그만 사내아이를요.
그리고 나중엔, 온 세계가 그 작은 아기에게 무릎을 꿇고
절을 하면서, 그 애가 태어난 것을 기뻐하게 돼요…….
이게 말이 된다고 생각하세요?

지석 씨는 은희의 앞에 놓여 있는 소주잔을 가져다 자기가 마신다.

은희

하지만 정말 아름다운 이야기잖아요?

은희는 지석 씨의 찻잔을 가져다 남은 차를 마셔버리고 거기다 술을 가득 채워 마신다. 은희는 이미 취할 대로 취해 눈이 풀려 있다.

은희

저는요……, 사랑이 그런 거라고 생각해요.
저를 끝까지 믿어줄 수 있겠어요, 지석 씨?

지석 씨

(열렬히)
그럼요, 은희 씨.

은희

(고개를 끄덕끄덕)
고맙습니다, 지석 씨. 지석 씨는 좋은 사람이에요.
처음부터 알고 있었어요.
그렇지만요……, 지석 씨,
(자세를 고치며 진지하게)
저, 아이 때문에 결혼하고 싶지는 않아요.
그것만은 싫어요.

지석 씨

예, 그야 물론, 저도 그렇죠.
저도 은희 씨가 아이 때문에 결혼하는 것보다

딴 이유 때문에 결혼하는 게 훨씬 좋습니다…….
그렇지만…… 은희 씨는 당장 돈이 필요하니까…….
(가방을 뒤져 통장과 도장을 꺼내놓으며)
이걸 우선 좀 써주셨으면 좋겠어요.

은희는 통장을 흘끗 보고 눈을 감으며 벽에 기댄다.

은희

지석 씨, 정말 그렇게 생각해요? 어떤 아기라도……
정말 못생기고 아무짝에도 쓸모가 없는 아이라도요…….
기껏해야 울기나 하고 밥만 축내는 아이라도,
그래도 그 아이가 사랑을 받을 자격이 있다고 생각하세요?
그 아이 때문에 엄마가 밤마다 울고 아무 데도 도망가지
못하고 내내 혼자 슬퍼해야 했다고 하더라도요?

지석 씨

그럼요, 은희 씨. 어떤 아이라도요.

갑자기 은희는 일어서서 화장실로 뛰어 들어간다. 토하는 소리. 변기 물 내리는 소리. 은희가 돌아와 앉자 지석 씨는 잊어버렸었다는 듯이 가방을 뒤져 뭔가를 꺼낸다.

지석 씨

참, 은희 씨, 배고프지요?

롯데리아 봉지를 내놓는 지석 씨. 은희는 만족스럽게 천천히 웃고는 햄버거 포장을 풀어 베어먹는다.

은희

지석 씨, 오늘은 자고 가세요.

은희가 벽에 기대 눈을 감고 햄버거를 먹는 사이, 지석 씨는 이불을 몸에 두른 채 방을 주섬주섬 치우고, 옷을 잘 개어서 놓고, 부엌 쪽에서 자기 엄마한테 전화를 한다. 은희는 바닥에 거의 누운 채로 햄버거 봉지를 손에 꼭 쥐고 입으로는 햄버거를 씹고 있다. 지석 씨는 바닥에 요를 깔고 은희를 눕힌 뒤 놓지 않으려는 햄버거 봉지를 뺏고, 자기 몸에 두르고 있던 이불을 덮어준다. 그사이 은희는 중얼중얼,

은희

저기요, 지석 씨……, 저 지석 씨 돈은 받지 않을래요.
정말 고마워하는 제 마음만은 알아주세요.
하지만 받을 수 없어요. 남자한테는 뭐든 함부로 받는 게
아니라고 저희 어머니가 그러셨……
아니, 그것도 그렇지만, 어쨌든, 이건 어디까지나
제가 해결해야 할 문제인 거 같아요.

어머니한테 모든 걸 말씀드리고 상의드릴래요.
언제까지 숨길 수 있는 문제도 아니고요.
내일 아침에 꼭 전화드릴래요. 내일이 무슨 요일이죠?
일요일인가? 오늘이 토요일이고, 내일이 일요일……
아니아니, 오늘이 일요일이고 내일이 토요일인가?
어쨌든 내일 아침에는 꼭…….

지석 씨는 불을 끄고 담요를 찾아들고 방구석에 가서 눕는다. 정적.

지석 씨

저기, 은희 씨, 제가 옆으로 좀 가도 될까요?

은희

(잠에 취해)

예에…….

부스럭거리며 은희의 옆에 가서 눕는 지석 씨. 정적.

지석 씨

은희 씨 얼굴에 손을 대도 괜찮을까요?

은희

예에에…….

지석 씨는 은희의 얼굴에 손을 대고 눈을 감는다. 정적.

지석 씨

좀 더 가까이 가도 될까요?

대답이 없다. 지석 씨는 어둠 속에서 눈을 뜨고 은희의 볼을 어루만지며 속삭인다.

지석 씨

제가 은희 씨에게 아주 가까이 가서……

은희 씨한테 팔베개를 해주고……

은희 씨 볼에 입을 맞추고……

오랫동안 그렇게 하고 있어도 괜찮을까요?

아이처럼 잘 자는 은희의 숨소리.

45 은희의 방, 아침

부글부글 국이 끓고 있는 냄비. 하얀 김이 솟아오르는 전기밥통. 은희의 목소리가 들린다.

은희(소리)

(기어들어가며)

어머니…… 저 은휜데요…….

안녕하세요…….

지석 씨(소리)

(어머니 목소리로)

그래, 은희야, 잘 있었니?

내 이빨은 어떻게 하기로 했니?

카메라가 돌아가면 방의 다른 쪽에서, 은희는 수화기를 들고 있고 지석 씨는 뒤돌아 앉은 채 핸드폰을 귀에 대고 있다.

은희

저……, 저……, 못 하겠어요.

은희는 울상을 지으며 수화기를 내려놓자 지석 씨는 은희 쪽으로 돌아 앉는다.

은희

아무리 연습을 해도 나아질 거 같지 않아요.

지석 씨

그래서 연습을 하는 거잖아요. 하다 보면 나아질 거예요.

은희

후, 모르겠어요. 좀 쉬었다 해요.

46 은희의 방, 아침

은희와 지석 씨는 조그만 상을 앞에 두고 밥을 먹고 있다.

지석 씨

어머니가 굉장히 무서우신가 봐요?

은희는 밥을 꿀꺽 삼키면서 지석 씨를 보지 않고 열심히 말한다.

은희

그야 TV에 나오는 어머니들처럼 마냥 상냥하지는 않으셨죠.

여러 가지로 힘든 일이 많았으니까요.

하지만 분명히 어머니는 저를 사랑하셨어요.

그렇지 않았다면 저를 낳으셨을 리도 없을 거예요.

그건 지석 씨도 믿을 수 있잖아요.

지석 씨

예, 예, 당연하지요.

저는 그냥……

저는 어릴 때요……, 부모님이 저한테 왜 그렇게 무섭고

쌀쌀맞은지 알 수가 없었어요.

그래서 제가 죽어버리는 상상을 좋아했지요.

제가 죽어버리면 저희 어머니와 아버지는 눈물을 흘리면서

그동안 잘못했던 걸 후회하실 테니까요.

그 상상이 어찌나 짜릿하던지

몇 번이나 실제로 죽어버릴까 했어요.

하지만 내가 그걸 볼 수 있을지 어떨지 확실히 모르니까

번번이 그만두게 되었죠.

사실은 그럴 용기도 없었지만요.

은희

(정색을 하며)

저는 달라요.

어머니는…… 저희가 잘못될까 봐 늘 걱정이셨고,

그래서 그렇게 엄하셨던 거예요.

제가 너무 겁 많은 어린애였죠. 그뿐이에요.

어머니가 저를 사랑하신다는 걸 의심한 적은

한 번도 없어요.

지석 씨

아, 예, 뭐…….

지석 씨는 수긍하는 듯 고개를 끄덕이다가 국 숟가락을 든 손을 멈추

고 의아한 표정으로,

지석 씨

그렇다면요, 은희 씨, 이상하잖아요? 만약 은희 씨 말대로
어머니가 은희 씨를 사랑하신다고 하면,
은희 씨는 뭘 두려워하는 거지요?
어머니가 은희 씨를 진정 사랑하신다면
당연히 은희 씨를 믿고 이해하려고 하실 겁니다.
그리고 은희 씨를 위해서 제일 좋은 길을
생각해내실 거구요. 그렇지 않을까요?

은희는 대답 없이 밥만 먹는다.

지석 씨

그렇다면 어머니에게 말씀드리지 못할 이유가 없잖아요.
결국 어머니는 은희 씨 편이 되어주실 텐데요.

은희는 여전히 대답이 없다.

지석 씨

그렇지 않을까요?
만약 어머니가 은희 씨를 정말로 사랑하신다면요.

47 은희의 방, 아침

지석 씨는 설거지를 하고 있고 은희는 그릇을 닦아 엎어놓고 있다. 은희는 골똘히 생각에 잠긴 표정.

은희

(약간의 희망을 가지고)

정말 그럴까요?

지석 씨

그럼요.

어디선가 아기 목소리가 크게 울리며,

아기 목소리(소리)

그럼요, 엄마, 그럼요.

은희는 웃기 시작한다. 지석 씨도 웃기 시작한다. 아기도 웃기 시작한다. 둘은 설거지도 못할 지경으로 깔깔깔 웃는다. 싱크대 앞 창문으로 환하게 들어오는 빛으로 은희의 얼굴이 빛난다. 웃음소리가 울려 퍼지며 즐겁게 지저귀는 아침 새소리가 오버랩되며,

FADE OUT.

48 은희의 방, 저녁

은희는 수화기를 두 손으로 들고 있다.

어머니(E)

내가 무슨 죄를 지어서 너를 낳았는지 모르겠구나.

은희는 겁먹은 눈을 깜빡깜빡한다.

은희

어머니…….

어머니(E)

부탁이다, 어머니라고 부르지 말아다오.

참을 수가 없구나.

나는 아무것도 궁금하지 않으니

내게 뭘 설명할 필요는 없다.

은희는 수화기를 고쳐 잡지만, 뭐라고 해야 할지 모른다.

어머니(E)

그래서……, 결혼을 하려고 하는 거냐?

은희

그게……, 아직……, 별로…….

어머니(E)

그러면, 아이를 지우려고 하는 거냐?

은희

아니요……, 그게……

어머니(E)

그게 아니면! 그게 아니면! 뭘 어쩌겠다는 거냐?

은희

그게……

어머니(E)

왜 나한테 전화를 했니?

내가 너한테 이런 것까지 가르쳐줘야 하니?

서울에 사는 다 큰 처녀가 이럴 때 어떻게 해야 하는지

아직도 모르고 있는 거냐? 당장 긁어내라.

은희

엄마…….

은희는 눈물을 글썽이기 시작한다. 아이로 퇴화한 것 같은 말투로 울면서 더듬더듬 말한다.

은희

저……, 아기를 낳고 싶어요…….
이 아이는 제 전부예요……. 생명보다 소중해요…….
좋은 어머니가 되겠어요…….

어머니(E)

별소릴 다 듣겠구나. 너는 어린애야.
아무것도 모르는 어린애야. 내가 옆에 있지 않으면
제대로 하는 일이 하나도 없어.
당장 니 꼴을 봐라.
너는 니가 뭘 하고 있는지도 모르고 있잖니.

은희

저, 달라졌어요. 아이를 가진 후로 모든 게 달라졌어요.
회사에서도 중요한 일을 맡았고, 사장님한테
칭찬도 들었어요. 데이트하는 사람까지 생겼어요.
정말이에요. 어머니 이빨도 문제없이 해드릴 수 있어요.
어머니가 걱정하실 건 아무것도 없어요.
허락해주세요…….

어머니(E)

나는 너한테 바란 것이 아무것도 없었다.
출세를 하라고 한 적도 없고,
보란 듯이 결혼을 하라고 한 적도 없어.
그저 남들 눈에 띄지 않게만,
없는 듯이만 살아달라는 것이 내 바람이었다.
그런데 너는 받을 만큼 받고서도
언제나 더 달라고 하는구나. 염치도 없는 것.

은희는 통곡을 하듯 엉엉 운다. 잠시 후 울음을 그치고 눈물을 닦는다. 정신을 차리고 목소리를 가라앉힌다.

은희

제가 어머니한테 뭘 그렇게 달라고 하던가요?
지옥 같은 삶을요?
제가 어떻게 해야 어머니가 저를 사랑하셨겠어요?
그럴 리가 없어요. 어떻게 해도 그랬을 리가 없어요.

어머니(E)

알았다. 그만해라. 딸 하나쯤 없는 셈치면 그만이야.
그리고 니 돈 같은 건 한 푼도 필요 없으니
그 돈은 병원 가서 애를 떼는 데에나 보태려무나.
나야 굶어 죽든 어쩌든 내가 알아서 할 테니 신경 쓰지 말고.

사이.

은희

(차분하고 위엄 있게)

죽으세요, 어머니. 그럼 죽으세요.

우리 아기는 할머니 없이 태어날 거예요.

어머니(E)

정말…… 아이를 낳을 셈이냐?

은희

네.

어머니(E)

나는 너를 낳은 날을 평생 후회했다.

49 거리, 낮

활기찬 음악, 꽃 피는 봄날. 환한 햇살 아래 빌딩 사이로 꽃잎이 날리고, 사람들이 가벼운 옷차림과 밝은 표정으로 걸어 다닌다.

50 사무실, 낮

바쁜 사무실 풍경. 은희의 사무실에서 사람들이 분주하게 일하고 있다.

사이렌이 울린다.

소리

국민 여러분, 여기는 민방위 훈련 본부입니다.
지금 시각 1시 30분 현재 제주도를 제외한 전국에
훈련 경계경보를 발령합니다, 훈련 경계경보…….

51 INSERT 컷들

거리의 차들이 일제히 도로 옆으로 정차하고, 호루라기를 부는 교통경찰 아저씨들.

지하철역에서 사람들을 통제하는 공익근무요원들.

불이 난 건물에서 사람을 구출하는 소방 훈련 모습.

비행기가 출격하는 모습.

52 사무실, 낮

은희

누가…… 저 좀……
도와주세요…….

은희는 배를 감싸 쥐면서 바닥에 쓰러진다. 사람들이 은희에게로 몰려 가고, "무슨 일이야, 무슨 일이야!" 은희를 일으켜 세우려고 하지만, 은희는 기절해서 반응이 없다.

부장님

(은희의 뺨을 때리며)

누가 앰뷸런스 좀 불러!

아수라장 속에서 지석 씨가 사람들을 향해 다급하게 외친다.

지석 씨

제 아기예요. 제 아기예요. 걱정 마세요, 제 아기예요…….

53 거리, 낮

빈 거리로 사이렌을 울리며 질주하는 앰뷸런스의 뒷모습.

54 병원 복도, 낮

병원 복도에서 간호사 두 사람이 수술복을 입은 복장으로 피가 묻어 있는 수술 도구들이 올려져 있는 카트를 밀며 지나간다.

간호사1

몇 달 동안 날마다 햄버거만 먹었대잖아…….

간호사2

하루에 아홉 개씩 먹었다니 너무 끔찍하지 않아?

55 병원 밖 벤치, 낮

건물 밖에 있는 등나무 벤치에 부장님과 지석 씨, 남자 직원 하나가 앉아 있다.

부장님

(담배를 피우며)

허, 참, 배 속이 그 난리통이 되도록
미련하게 참고 있었다니…….

남자 직원1

그러게 말입니다…….
그런데, 지석 씨, 아까 그건 무슨 말이야?
지석 씨 아기라니. 그동안 둘이 무슨 일 있었어?

멍한 표정으로 허공만 바라보고 있던 지석 씨는 힘없이 일어나 어딘가로 걸어가고, 부장님과 남자 직원 1은 지석 씨 눈치를 흘끗흘끗 살핀다.

56 중환자실, 낮

침대 주위에 하얀 커튼이 쳐진 중환자실에서 은희는 눈을 뜬다. 자기 팔에 꽂힌 링거 바늘, 삐삐삐 소리가 나는 기계들. 힘들게 손을 들어 환자복을 젖힌다. 얼굴을 찌푸리며 고통스러운 신음. 배에 난 긴 수술 자국을 보고 반속스러워 미소 짓는다.

차트 같은 것을 옆구리에 낀 의사가 슬쩍 커튼을 열고 들여다보다가 은희가 일어나 있는 것을 보고 들어온다. 의사는, 자세히 보면, 1신에서 나왔던 산부인과 의사와 똑같이 닮아 있다. (그러나 은희는 알아차리지 못한다.)

의사

어, 벌써 깨어나셨네요.

은희가 입을 달싹거리며 뭔가 말하려 하자, 의사가 손을 들어 제지한다.

의사

아, 아, 아직 움직이시면 안 돼요. 방금 수술을 마쳤습니다.

굉장히 아프실 거예요. 복막염입니다.

(배에서 뭔가 터지는 시늉을 하며 입으로 가볍게 폭발음을 낸다.)

맹장이 터져서 다른 장기들까지 썩어 들어갈 뻔했다구요.

아시겠어요?

은희는 의아한 표정. 손을 내저으며 (움직이니까 아파서 얼굴을 찡그리며) 뭔가 말하려 하자, 의사가 손을 들어 다시 제지한다.

의사

수술이 잘 끝났으니 다행이지만,

앞으로 1~2주 정도는 병원에 계시면서

절대 안정을 취하셔야 할 겁니다.

(차트에 뭔가를 적어 넣으며)

진통제를 놔드리라고 얘기해두겠어요.

보호자 분들은 잠깐 자리를 뜨셨나 봐요.

병실은 곧 옮겨드릴 테니까 걱정 마시고요.

그나저나, 그동안 도대체 이 지경이 되도록

어떻게 참으신 겁니까?

의사가 나가자 간호사 1이 들어와 은희의 팔에 주사를 놓는다. 간호사 1은, 자세히 보면 화장이 조금 다를 뿐 주문을 받던 롯데리아 직원과 똑같이 닮아 있다. (그러나 은희는 알아차리지 못한다.)

간호사1

이거 맞으시면 조금 나아지실 거예요.

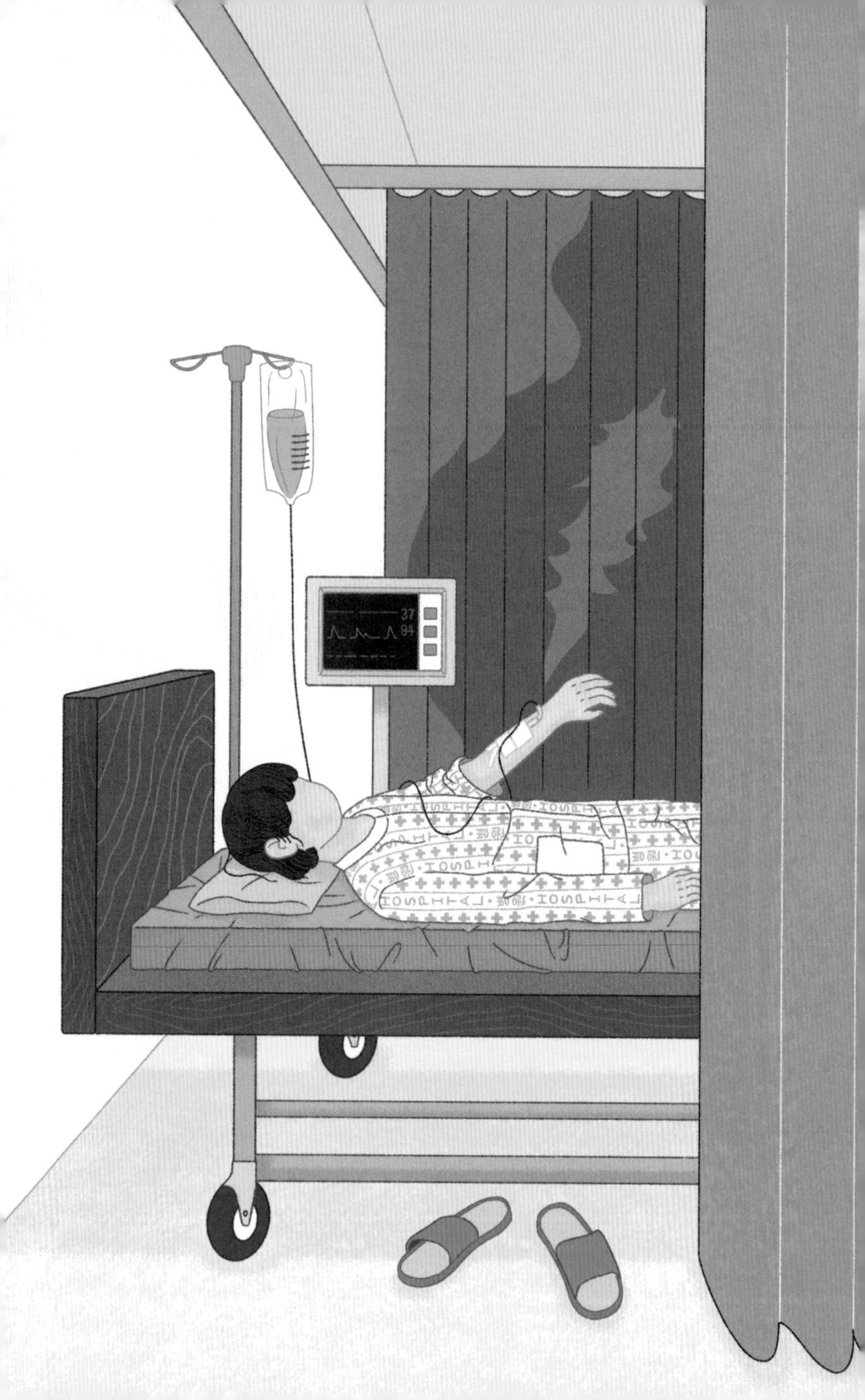
37
94
HOSPITAL

은희는 스르르 눈을 감는다.

57 수술실, 은희의 환상

암전 속에 낮은 남자 목소리.

의사(소리)

주사, 준비됐어?

주사를 놓는 소리. 간호사가 낭랑하게 숫자를 센다.

간호사1(소리)

하나, 둘, 셋, 넷, 다섯…….

화면이 천천히 밝아져오며 은희의 배를 가르는 의사의 손. 칼이나 가위 같은 것을 들고 있는 간호사의 손. 은희의 내레이션.

은희(V.O.)

나는 보았다. 모든 것을 자세하게 보았다.
머리 위의 불빛과 침대 모서리,
날카로운 칼끝, 흘러내리는 땀방울.
소리를 지르고 싶을 정도로 아팠지만, 꾹 참았다.

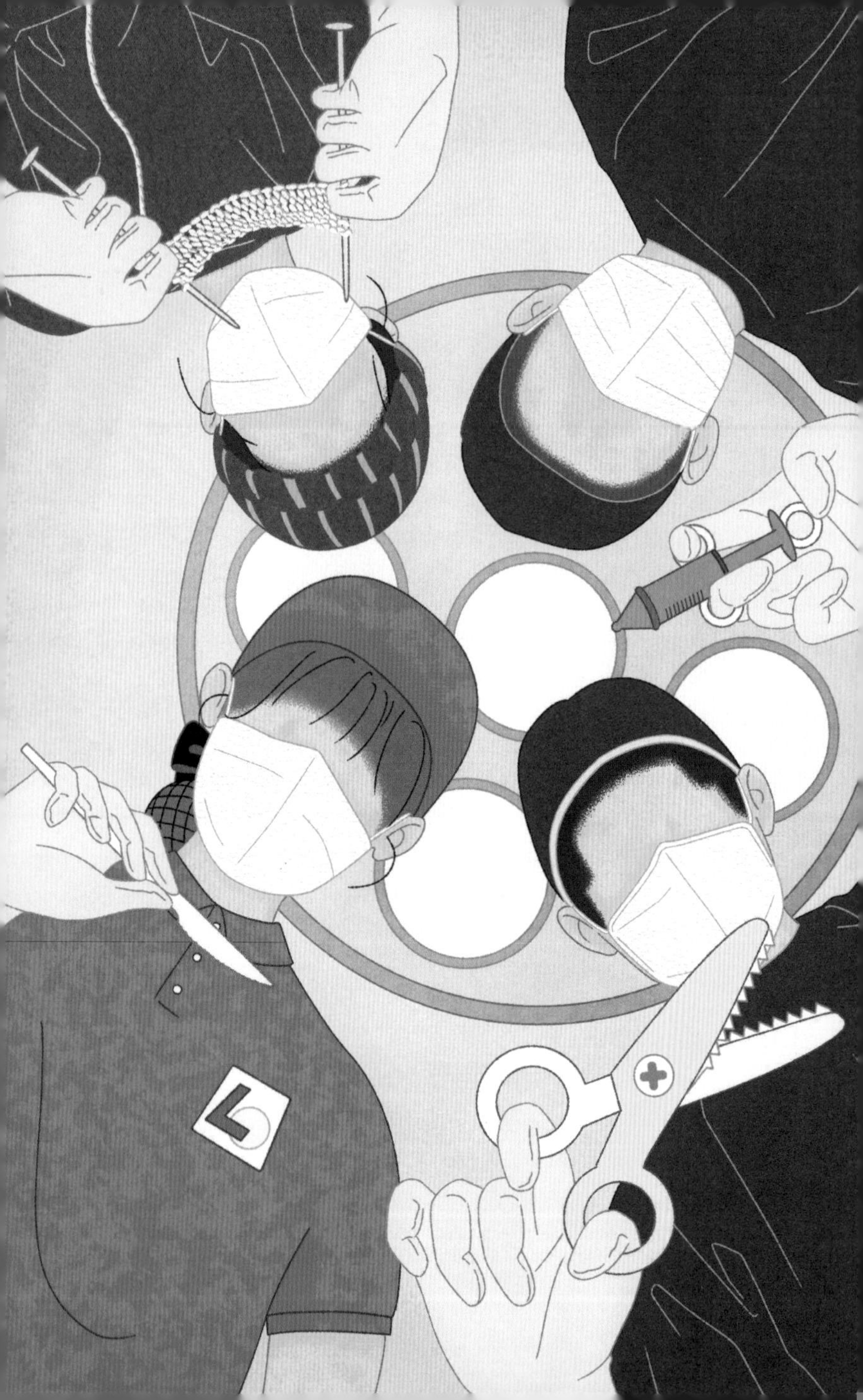

비로소 장면 전체가 드러난다. 롯데리아 직원의 복장을 한 의사와 간호사들이 조용한 가운데 분주하게 수술을 하고 있다. 다시 롯데리아 직원처럼 화장을 하고 있는 간호사 1. 은희가 눈을 똑바로 뜨고 자기들을 보고 있는 것을 아무도 알아차리지 못한다.

은희(V.O.)

하나도 빠짐없이 이야기해주고 싶었기 때문이다.
얼마나 아팠는지, 얼마나 무서웠는지,
그렇지만 우리 아기를 낳기 위해
내가 얼마나 용감하게 참았는지.

힘찬 아기의 울음소리, 간호사 1이 아기를 높이 쳐들고 입 끝이 잔뜩 올라가는 기계적인 미소를 짓는다.

간호사1

아기가 나왔습니다, 손님.

암전.

58 사무실, 저녁

지석 씨는 사무실로 터덜터덜 들어온다. 삼삼오오 모여서 속닥거리고 있던 직원들이 지석 씨의 눈치를 보며 슬슬 흩어진다. 지석 씨는 자기 자리를 정리하고 가방을 챙긴다. 부장님이 부장실에서 머리를 내민다.

부장님

지석 씨, 나 좀 잠깐 볼까?

59 부장실, 저녁

지석 씨는 담배를 피우고 있는 부장님 맞은편에 앉는다. 부장님은 담뱃갑을 들어 지석 씨 쪽으로 권하고 지석 씨는 손을 들어 사양한다.

부장님

불리한 증거가 있나……?

지석 씨

예?

부장님

법적으로 말이야…….

혼인빙자간음이나 사실혼 관계 같은 게

걸릴 수 있으니까…….

지석 씨

그런…… 게 아닙니다, 부장님.

부장님

그렇다면 지금 당장 발을 빼게.

지석 씨는 입을 꾹 다문다.

부장님

그래야만 한다면 직장도 그만두게.

내가 자네라면 그렇게 했을걸세.

망설이지 말고 당장 끊어버려야 해.

여자들은 아기와 눈물이면 뭐든지 다 되는 줄 알지.

하지만 그건 정말 최악이야.

여자가 아기를 들먹이기 시작하면 정말 최—악이라고.

지석 씨는 더 이상 할 말이 없다는 듯 자리에서 일어선다.

부장님

내 말 명심해…….

은희 씨는 무서운 사람이야.

지석 씨는 문을 나서려다 말고 돌아서서,

지석 씨

부장님……, 부장님은 한 번이라도

뭔가를 믿은 적이 있으십니까?

부장님

허허, 그게 무슨 소리야…….

글쎄…… 어렸을 때 잠깐 교회에 다닌 적이 있었지…….

그렇지만 나는 도무지, 신이 그깟 여자 몸을 빌어서

태어나야 했다는 걸 믿을 수가 없었네.

60 사무실 복도, 저녁

지석 씨는 화장실로 걸어가고 있다. 계단 옆 흡연 구역으로부터 사람들의 말소리가 들린다.

남자 직원 1(소리)

그러길래 제가 뭐랬습니까? 원래 그런 타입이

제일 악질인 겁니다. 여자를 위하는 것처럼 보이지만

사실은 여자를 뭐같이 보는 거죠.

대놓고 나쁜 놈들은 조심이라도 할 수 있다지만요…….

남자 직원 2(소리)

그게 제일 위험하지, 제일 위험해. 여자들은 모른다니까요.

우리들이 볼 때는 딱 보이는데 말이죠.

여자 직원 2(소리)

그러게요. 정말 지석 씨는 그렇게 안 봤는데…….
보기엔 너무너무 곱상하고 얌전하게 보이는데…….
둘이 정말 '살았'대요?

남자 직원 3(소리)

원래 남자든 여자든 생긴 값은 다 하는 겁니다.

여자 직원 3(소리)

저는 이게 전적으로 지석 씨 잘못이라고는 생각 안 해요.
지석 씨가 정말 은희 씨를 사랑해서 그랬을까요?
제 생각엔 은희 씨가 너무 쉽기 때문이에요.

여자 직원 2(소리)

그래, 그래……. 은희 씨가 먼저 꼬리를 쳤을 수도 있지.

지석 씨는 화장실로 가는 발걸음을 멈췄다가, 소리가 안 나게 발뒤꿈치를 들고 가던 길을 밟아 되돌아온다.

여자 직원 1(소리)

(흥분해서 목소리를 높이며)

저는…… 저는…… 이번 일에 대해선 어떤 말도
믿지 않겠어요. 모두 은희 씨가 꾸민 일이에요.

지석 씨는 단지 너무 착해서 그런 거라구요.

제가 직접 물어보겠어요!

지석 씨가 사무실로 가는 동안 멀리서 들리는 여자 직원 1의 목소리,

"놓으세요……."

61 사무실, 저녁

사무실로 들어서는 지석 씨가 살짝 사무실 문을 닫는 순간, 문이 확 열리며 뛰어 들어오던 여자 직원 1과 마주친다.

여자 직원1

(애원하는 눈빛으로)

사람들이 지석 씨에 대해 말하고 있어요.

하지만 그건 사실이 아니라고 생각해요.

그렇지요, 지석 씨?

지석 씨는 자기 가슴 높이밖에 안 되는 여자 직원 1의 간절한 눈을 내려다보면서 아무 말도 할 수가 없다. 여자 직원 1은 조금의 희망이라도 읽을 수 있을까 해서 지석 씨의 얼굴을 구석구석 살펴보지만,

여자 직원1

(절망적인 포즈로)

그렇군요…….

여자 직원 1은 손으로 얼굴을 가리며 복도로 뛰어가버린다. 복도 끝에서 사람들이 웅성웅성하며 여자 직원 1을 위로한다.
부장님은 가방을 가지고 퇴근을 하러 나오다가,

부장님
이거 왜들 소란인가?
일을 안 하려면 퇴근들 하세요, 퇴근!

62 병원 복도, 밤

손에 종이 봉지를 든 지석 씨가 은희의 병실로 가고 있다. 복도 저쪽에서 의사 1이 빠른 걸음으로 걸어온다. 레지던트 몇몇이 뒤를 따르면서 웅성웅성한다. 넌더리가 난다는 표정의 의사 1은 얼굴의 상처를 손으로 짚으며 지석 씨의 옆을 지나쳐간다. 의사 1을 돌아보는 지석 씨.
은희의 병실 앞. 안에서는 난투극이 벌어진 듯한 소리.

63 은희의 병실, 밤

지석 씨가 문을 열자, 은희를 꼭 붙들고 있던 간호사 1, 2와 은희를 보호대로 묶고 있던 남자 간호사 둘이 일제히 지석 씨를 돌아보며 일시정지하더니 다시 하던 일을 계속한다. 원숭이처럼 털이 많고 체구가 큰 남자 간호사들. 소포라도 싸듯이 보호대로 은희를 묶는다.

지석 씨

무슨 일입니까?

지석 씨의 존재에는 아랑곳없이, 작업을 끝낸 남자 간호사들과 간호사 2가 손을 털며 나간다. 은희는 거의 실신 상태로 축 늘어져 있다. 간호사 1은 흘러내리는 머리를 모자 안으로 밀어넣고 옷매무새를 가다듬으며 주사를 준비한다.

간호사1

이분 아주 굉장치도 않더군요. 저희 정말로 애먹었어요. 알아들을 수도 없는 소리를 지르면서 의사 선생님한테 대드는데…… 잔뜩 약이 오른 짐승처럼 선생님 얼굴을 할퀴어버리더라구요.

간호사 1은 은희에게 진정제를 주사한다. 한번 움찔하더니 스르르 힘을 빼고 조용해지는 은희.

지석 씨

아니, 그래도, 은희 씨는 환자이지 않습니까?

간호사1

환자니까 그런 거지요. 은희 씨는 절대 안정을 취해야 해요.

그렇지 않으면 위험해지니까요.

지석 씨

그렇지만 이건 좀…….

간호사는 기가 막히다는 듯 지석 씨를 돌아보며,

간호사1

지금 저희를 비난하시는 건가요? 너무하시는군요…….

도대체 이 병원에 병실이 몇 개인 줄 아세요?

우리가 얼마나 많은 환자들을 맡아야 하는지 아세요?

환자들은 병실로도 모자라서, 복도에까지 병상을 늘어놓고,

서로들 뭔가를 해달라고 아우성이에요.

우리들이 도대체 어떤 일들까지 다 해야 하는 줄 아세요?

바늘 카테터와 주사기 같은 것들을 들고 커튼 뒤에서

무슨 일까지 해야 하는지 아세요?

이런 게 간호사인 줄 알았으면, 간호사가 되겠다고

밤을 새워 책을 외우고, 학원비를 마련하느라

기를 쓰고 돈을 모으지도 않았을 거예요.

그래봤자 이렇게 아무도 알아주지도 않는 일을 하려고…….

간호사 1은 주사기니 약병이니 하는 것을 챙기더니 문을 쾅 닫고 나가 버린다.

파란 보호대로 침대에 고정된 채 입에 보호구가 물린 은희. 멍한 눈빛, 입으로 흘러내리는 침, 손목에는 파랗게 멍이 들어 있다. 지석 씨는 아무 말 없이 은희 옆에 앉아 자기가 들고 온 롯데리아 종이봉투만 만지작거리다 햄버거를 꺼내 크게 베어 문다.

지석 씨

은희 씨……, 보여요? 햄버거를 먹기 시작했어요.
그냥 포장지를 벗겨서 입에 넣기만 하면 돼요.
아무 일도 일어나지 않더군요.
예전엔 뭘 그렇게 두려워했는지 모르겠어요.

말을 알아들을까 싶은 멍한 은희의 시선이 지석 씨를 향하고 있다.

지석 씨

아무 일도 없었던 거예요, 은희 씨.
그냥 이대로 다 나아서 일어나면 은희 씨도 알게 될 거예요.
그러면 다 잊고 새로 시작할 수 있을 거예요.

여전히 정신 나간 얼굴로 지석 씨를 보고 있는 은희.

64 사무실, 밤

아무도 없는 사무실. 형광등 아래에서 캐비닛을 뒤지고 있는 지석 씨. 아무래도 찾을 수가 없는지 모든 서류철을 열고 서류들을 다 꺼내보느라 주변이 어지럽다. 서류 하나를 찾아내어 책상으로 뛰어가 수화기를 드는 지석 씨.

65 은희의 병실, 밤

캄캄한 병실에 불이 켜지고 지석 씨가 다가와 은희의 옆에 조용히 앉는다. 보호대와 보호구를 착용한 채 초점이 없는 눈길로 여전히 한곳을 바라보고 있는 은희. 가만히 앉아 있던 지석 씨가 입을 뗀다.

지석 씨

어머니한테 전화드렸어요……. 은희 씨가 싫어할 걸 알지만.
번호를 겨우 찾았어요. 서류가 온통 엉망이어서…….
어머니가 곧 이쪽으로 오실 거예요. 오늘 밤차를 타고요.

은희의 보호구를 떼어내고 보호대를 풀어주는 지석 씨. 별 반응이 없는 은희의 얼굴. 그러나 입은 뭔가를 중얼거리며 빠르게 움직인다. 지석 씨가 가까이 귀를 대어보면,

은희

(억양이 없이 빠르게 중얼거리는)

지석 씨가 오면, 부탁해야겠다…….
그 사람들한테 전해달라고, 내가 잘못했다고,
내 마음은 이제 아주 평온하고,
절대로 말썽을 부리지 않을 거라고,
그러니까 주사를 놓지 말아달라고,
내 손도 더 이상 묶지 말아달라고,
지석 씨가 오면…….

66 은희의 병실, 밤

어두운 병실. 빈 침대에 엎드려 잠든 지석 씨.

67 병원 계단, 밤

지나다니는 사람이 없이 조용한 병원. 은희는 기어서 계단을 내려가고 있다. 아무 표정도 없이.

68 신생아실 앞, 밤

벽을 짚으며 힘들게 신생아실 앞까지 걸어온 은희는 커튼이 쳐진 신생아실 창문을 주먹으로 두들기고 소리를 지르면서 문으로 간다. 문을 밀어 열면서 바닥에 쓰러지는 은희. 피를 토한다. 안에서는 아기들이 일제히 울음을 터뜨린다. 간호사들이 뛰어나와 은희를 발견한다.

69 병원 복도, 밤

산소 호흡기를 하고 침대에 눕혀져 수술실로 실려가는 은희.

70 고속도로, 밤

캄캄한 밤. 무서운 속도로 고속도로를 달려오는 버스.

71 병원 복도, 밤

수술실로 실려가는 은희. 모퉁이를 돌아 수술실 문을 향해가면서. 복도를 울리는 사람들의 어지러운 발소리, 바퀴 소리, 소리를 지르면서 뭔가를 지시하는 의사의 목소리 사이로 '딸랑' 맑은 종소리가 울리면서 아기의 목소리.

아기 목소리(소리)

엄마, 여기예요. 다 왔어요. 여기예요.

72 병원 계단, 밤

계단을 뛰어 내려오는 지석 씨.

73 수술실, 밤

수술실 등이 켜지고,

74 고속버스 안, 밤

고속버스 앞 창문으로 내다보이는 고속도로. 헤드라이트가 비추는 밤길. 휙휙 지나가는 노란 차선.

은희(V.O)

캄캄한 밤이었는데, 달도 없이 캄캄한 밤이었는데,

작은 여자아이 하나가 숲속을 달리고 있었단다…….

75 암전

수술실의 분주한 소리들이 점점 커지며,

은희(V.O)

여자아이는 큰 짐승에게 쫓기고 있었는데,

그것이 어찌나 오래되었던지, 언제부터 그렇게

쫓기고 있었는지 기억도 나지 않았단다.

밤이 너무 어두워서 큰 짐승의 모습은 보이지 않았지만,

짐승은 언제나 여자아이의 뒤를 바짝 따르고 있어서,

여자아이는 짐승의 거친 숨소리와 땀내 나는 열기를

느낄 수 있었지. 그것이 어찌나 소름 끼치는 것이었는지,

목이 타고 발이 아파와도

여자아이는 결코 멈출 수가 없었단다.

그러는 사이 세월이 흘러, 여자아이는 점점 나이를 먹었고,

이제는 지쳐 도저히 한 발자국도 갈 수 없을 때,

여자아이의 눈앞에 커다란 나무가 나타났어.

커다란 나무에는 커다란 문이 달려 있어서,

여자아이는 그 문을 열고 안으로

들어갈 수 있었단다.

그런데 그 안에는 더 작은 나무가 들어 있고,

그 안에는 더 작은 나무가 들어 있고,

그 안에는 더 작은 나무가 들어 있어서,

마침내 작은 상자만 한 문이 나올 때까지,

여자아이는 문을 열고, 문을 열고, 또 문을 열고 들어갔단다.

여자아이가 작아지고, 작아지고, 또 작아져서,

간신히 작은 나무의 문을 열었을 때,

갑자기 천둥소리가 울리고 모든 나무들이 갈라지면서,

아주 작은 아기가 울음을 터뜨리며 튀어나왔어.

작은 아기를 품에 안자 여자아이는

갑자기 모든 것을 잊어버렸단다.

물도 필요 없고, 신발도 필요 없고,

하늘과 땅이 두 개로 쪼개져도 상관없고,

남은 날이 모두 눈물뿐이라도 좋았단다.

여자아이가 정신을 차렸을 때 주위는 고요했고,
여자아이를 쫓던 짐승은 이미 사라지고 없었다.
그제야 여자아이는 깨달을 수 있었단다.
나를 여기까지 데려오려고, 그 짐승이 그랬었던 거라고.

76 수술실, 밤

메스를 든 의사의 손이 멈추고 의사가 얼굴을 들어 기계를 보면, 심장의 박동을 표시하는 푸른 선이 일직선이 되며 뚜뚜뚜 소리를 낸다.

FADE OUT.

77 화장터, 낮

화장터 불 속으로 들어가는 붉은 나무 관.

78 차 안, 낮

작은 나무 상자가 흰 소복을 입은 여자의 무릎 위에 놓여 있다. 여자의 얼굴은 보이지 않는다. 차의 움직임에 따라 나무 상자가 이리저리 흔들리며.

상냥한 아주머니 목소리(V.O)

(아기 용품 상점 아주머니의 목소리 같다.)

은희 씨는 보기 드물게 성실한 사람이었다고
부장님은 말했습니다. 잠깐이나마 은희 씨와 함께
일할 수 있었던 것은 큰 행운이었다고 직원들은 말했습니다.
지석 씨는, 은희의 죽은 얼굴에 마지막까지 떠나지 않았던
미소를 생각했습니다. 은희 씨는 무엇을 보았던 것일까?
지석 씨는 알 수가 없었습니다.

맑게 흩어지는 아기의 웃음소리.

끝

「불쌍한 우리 아기」가 엑스레이 사진이라면 「대전 일기」는 스냅사진이다. 거기에는 그해 여름의 내 얼굴과 우리 엄마와 친구들의 희미한 모습이 찍혀 있다. 처음이자 마지막으로 다른 사람이 아니라 진짜 내 얼굴로 썼다. 진짜 우리 엄마와 진짜 내가 사는 곳, 진짜 겪은 일들을 떠올렸고 그래서인지 쓰기가 쉬웠다. 생각보다 너무 빨리 끝나서 마지막에 쓴 날짜를 적었다, 사진을 찍듯이. 그 여름 그 기분을 잡아두고 싶었다.

처음으로 구조를 정해두고 쓴 작품이기도 하다. (아직 교실에 남아 있는 학생들을 위해 설명해보자면 ㅎㅎㅎ) 시나리오 작가는 구조를 먼저 정하고 쓰는 작가와 그냥 순서대로 쓰는 작가로 나뉜다. 구조를 먼저 정하고 그대로 쓰면 생동감과 의외성이 떨어질 수 있고, 한 신 한 신 순서대로 쓰면 입체성과 견고함이 떨어진다. 입체성은 이야기가 높은 곳과 낮은 곳에서 동시에 흐르면서 생긴다. 큰 이야기와 작은 이야기가 섞이거나. 이야기의 의미는 많은 경우 이 입체성에서 생겨난다. 나는 오랫동안 순서대로 쓰는 작가였는데 지금은 구조를 70퍼센트 정도 먼저 쓰고, 쓰면서 내가 세운 구조의 일부를 파괴하고 다시 세우는 식으로 쓴다.

시나리오 구조는 사람 마음의 모양을 닮았다. 구조의 어떤 면은 미리 정해져 있어서 보편적인 인간 마음의 모양에 맞고 또 다른 면은 쓴 사람이 그리고 싶어 하는 고유한 마음의 모양을 나타낸다. 그래서 구조를 만들 때는 늘 이야기에 맞는 마음의 모양을 찾아내려 한다. 「대전 일기」는 미스터리 구조를 갖고 있다. 내가 미스터리를 좋아하는 이유는, 나는 꽤 솔직한 사람이지만 동시에 비밀이 많은 사람이기 때문이고, 내가 비밀이 많은 이유는 나의 아주 큰 이야기들을 나 스스로도 잘 알아채지 못하기 때문이다. 「대전 일기」에서 가장 큰 미스터리는 주인공의 마음에 숨겨져 있다. 나는 왜 대전에 다녀왔을까?

잘 쓰여진 구조는 작가가 표현하고자 하는 마음의 모양에 그대로 관객의 마음을 담을 수 있다. 그래서 관객은 영화를 다 보고 나면 주인공이나 작가의 마음을 모양 그대로 느낀다. 내가 누군가를 좋아하기 시작했을 때 마음의 모양. 이 시나리오에서 나는 사람들이 그 속으로 잠깐 들어와 주었으면 했다.

대전 일기

박재인 그림

TITLE

1994년 7월 8일

MAIN TITLE

대전 일기

1 암전

스무 살이 채 안 된 것 같은 남자아이의 목소리.

준형(E)

박준형입니다. 저는 지금 대전에 있어서
연락을 받을 수 없습니다. 메시지를 남겨주세요.

삐—.

혜신(소리)

응, 준형아, 나 혜신이 누난데…… 잘 있었지? 어……,
내가 너한테 『구강조직학』 빌리고 깜빡한 게 생각나서…….
오면 연락해 줘. 내 삐삐 번호 알아?
012-737-335…….

시간을 재촉하는 삐삐삐— 소리. 음성 녹음 시간을 연장하기 위해 급하게 버튼을 누르는 소리.

혜신(소리)

012-737-3353.

우물우물 번호를 말하는 혜신의 자신 없는 목소리.

2 거실, 낮

혜신은 소파에서 잠이 들었다. 읽던 책을 가슴에 펼쳐놓은 채로. 모든 것을 반짝이게 하는 여름 햇볕이 얼마나 환하게 자기를 비추고 있는지도 모르고, 창밖에서 나뭇잎들이 웃음을 터뜨리듯 흔들리고 있는 것도 모르고, 마당에서 그네가 혼자 심심하게 축 늘어져 있는 것도 모르고. 빛 속에 드러난 혜신의 얼굴, 아무것도 감추지 못하는 잠든 얼굴. 안 보이는 저 멀리서 들리는 규칙적인 공사장 소음 사이로, 처음에는 작게, 점점 크게, 혜신의 이름을 부르는 소리가 들린다. "혜신아, 혜신아……."

어머니(소리)

혜신아……!

혜신은 벌떡 몸을 일으킨다. 가슴에서 툭 떨어지는 책, 『애크로이드 살인 사건』.

3 부엌, 낮

혜신은 하나도 안 잔 사람처럼 멀쩡하게 부엌으로 걸어간다.

어머니

일루 와서 저기, 고춧가루 좀 줘봐.

혜신은 부엌 바닥에 신문지를 펴고 김치를 담그고 있는 어머니 옆에 쭈그리고 앉아 그 옆에 놓인 깨소금 병을 건네준다. 어머니는 깨소금 병을 내밀고 있는 혜신을 흘끔 보고,

어머니

고춧가루.

혜신

어.

혜신은 깨소금 병을 도로 갖다 놓고 그 옆에 놓인 고춧가루 병을 건네준다. 어머니는 절인 배추에 고춧가루를 뿌리면서,

어머니

너는 참 잠도 잘 잔다.

밤에 그렇게 자고 어떻게 낮에도 잠이 오니?

혜신은 그제야 하품을 하면서, 안 잔 것처럼 하느라 긴장했던 몸을 쭉 펴고 편하게 주저앉는다.

혜신

잠 잘 와요. 나는 잠을 자야 돼. 내가 얼마나 피곤한데.

어머니

뭐가 피곤해. 때 되면 밥 줘, 걱정거리 하나도 없어,

뭐가 피곤해.

혜신

내가 학교 다니느라고 얼마나 피곤했는데,

엄마는, 본과 학생들이 얼마나 스트레스 받는 줄 알아?

어머니

저기 젓갈 좀 줘.

혜신은 어머니에게 젓갈통을 건네주고 어머니는 젓갈을 붓는다.

어머니

방학하고 나서 내내 자놓고 뭐가 아직도 피곤해?

혜신

방학이 아니라 휴학을 하고 자도 피곤해.

그렇게 사는 게 인간한테 얼마나 부자연스러운 건데…….

맨날맨날 새벽같이 일어나서 저녁까지 수업 듣지,

맨날맨날 시험 보지, 외울 건 또 얼마나 많은데…….

어머니는 부산하게 일을 하면서 혜신의 이야기를 건성건성 듣다가,

어머니

야야……, 누가 들으면 억지로 보낸 줄 알겠다.

지가 좋아서 삼수까지 해서 가놓고.

혜신

이런 줄 누가 알았나?

어머니

그래서, 이제 와서 어쩔 거야?

혜신

그러게요.

다시 하품을 하는 혜신.

어머니

차라리 나가서 놀아.

그렇게 잠만 자면 계속 꿈만 꾸고, 피곤하지도 않냐?

혜신

나는 원래 꿈 안 꿔.

나는 머리만 대면 딱 잠들고,

일어날 때까지 그대로 자는 체질이잖아.

혜신은 자랑스럽다는 듯이 어깨를 펴면서 대답한다.

어머니

아이구, 잘났다……. 젊은 애가 이렇게 집에서

뒹굴거리기만 하고, 참도 '자연스럽다'.

혜신

나도 놀아. 안 그래도 이제부터 놀려고 그랬어.

어머니

누구랑?

혜신

친구들이랑…….

어머니

어차피 여자애들하고 놀 거잖아.

혜신

아니야.

어머니

저기…… 지혜랑 연정이랑, 또 그 누구야, 용란이랑……

개네 말고 또 누구랑 놀 건데?

혜신

있어…….

어머니

뭐가 있어?

혜신

남자애 있어.

참도 있겠다는 듯 어머니가 다시 묻는다.

어머니

남자애 누구, 누구?

혜신

엄마! 여자애들이랑 노는 게 뭐가 나빠?

어머니

누가 나쁘대? 니가 있다니까 물어보는 거잖아.

야, 내가 너만 하던 때는…….

어머니는 이야기를 시작하려다가 관둔다. 혜신은 잠시 얼굴을 찌푸리며 생각하는 것 같더니, 느릿느릿 말을 꺼낸다.

혜신

엄마…… 있잖아요,

나는 남자애들이 싫은가 봐요…….

그게 잘못된 거야?

어머니는 (잠시 공격의 끈을 늦추고) 조심스럽게 유보하듯이,

어머니

왜 싫은데……?

혜신

남자애들은…… 냄새 나.

도서관에서 옆자리에 앉으면 있잖아,

딴 자리로 옮기고 싶은데, 그러면 걔가 자기가 냄새 나서

그런다고 생각할까 봐, 그냥 앉아 있다가, 집에 빨리 와.

어머니

그것 때문에 싫은 거야?

혜신

그리고…… 걔들은 뒤에서 꼭 여자애들 얘기만 한다.

여자애들이랑 얘기할 때는 딴생각만 하면서…….

남자애들은 무슨 생각을 하는지 모르겠어요.

어머니는 잠자코 김치를 담근다. 배추들을 커다란 양푼에 하나씩 옮겨 담으며,

어머니

걔들은…… 원래 생각이란 걸 잘 안 해.

남자애들이 여자애들보다 원래 좀 느린 거야.

4 혜신의 방, 낮

혜신은 침대에 걸터앉아, 옆에 있는 전화기를 들고 삐삐를 친다. 버튼을 누르고 전화기에서 잠시 소리를 듣고, 자기 번호를 치고 하기를 세 번쯤. 혜신은 다시 침대에 누워, 들고 들어온『애크로이드 살인 사건』을 편다. 책상 위에 놓인 혜신과 친구들의 사진. 봄꽃을 배경으로 환하게 웃고 있는 다섯 명의 여자아이들, 혜신, 선영, 지혜, 연정, 용란을 차례로 한 명씩 보여주며.

가슴에 세워 읽고 있던 책이 툭 뒤로 넘어간다. 깜빡 잠이 들 뻔했다. 혜신은 깜짝 놀라 자기 삐삐를 들어 살펴보고, 전화기를 들어서 신호음이 울리는지 확인하고, 수첩을 펴서 전화번호를 찾는다. 전화를 한다.

혜신

여보세요, 거기 지혜네 집이죠?

지혜 어머니(E)

응, 누구니?

혜신

안녕하세요?

저, 혜신인데요. 지혜 있어요?

지혜 어머니(E)

어, 혜신이구나. 어떡하니?

지금 지혜가, 잠깐 대전에 갔거든.

한 사나흘쯤 있다가 올 거 같은데.

그때 다시 전화할래?

혜신

예에……. 안녕히 계세요.

혜신은 잠시 생각하는 듯하다가, 일어나 서둘러 옷을 갈아입는다.

5 학교, 낮

뜨거운 햇볕 아래 땀을 뻘뻘 흘리며 학교 기숙사로 걸어 올라가는 혜신. 맞은편에서 조그맣고 머리가 긴 여자아이가 시원하게 파진 옷을 입고, 양산을 쓰고, 한들한들 내려오고 있다. 혜신은 굉장히 반가운 표정.

혜신

어디 가?

여자아이

놀러요…….

혜신

연정이 있어?

여자아이

어디 갔는데요……, 며칠 전에.

혜신

(긴장하면서)

어디?

여자아이

대전……인가?

혜신은 '아이 참.' 하면서 땀을 닦고 오던 길로 뛰어 내려간다.

6 학교 앞, 낮

얼굴이 빨개진 채 빠른 걸음으로 교문을 빠져나가는 혜신.

7 '나무아래책방' 앞, 낮

혜신은 '나무아래책방'으로 성큼성큼 들어간다.

8 서점 안, 낮

누런 모시옷을 입고 한가롭게 냉면을 먹고 있는 서점 아저씨. 얼굴이 달아오른 혜신을 흘끗 보며,

아저씨

안 덥냐? 좀 살살 다녀.

혜신

아저씨! 용란이는요?

아저씨

휴가 갔다.

혜신

어디 갔대요?

아저씨

어디라더라……?

혜신

대전…… 갔어요?

아저씨

어, 그래, 맞다. 대전 갔어.

혜신은 씩씩거리며 몸을 돌려 서점을 나선다. 혜신의 뒷모습을 보며 '아이고 덥다.' 하는 표정으로 부채질을 하는 아저씨.

9 골목길, 낮

2~3층으로 된 다세대 주택들이 빽빽하게 늘어서 있는 골목길. 시멘트 바닥이 하얗게 반짝인다. 개 한 마리가 기웃기웃할 뿐 인적이 없다. 주머니에 손을 넣고 터덜터덜 걸어가는 혜신.

10 선영네 집 앞, 낮

두꺼운 푸른 나뭇잎이 그늘을 드리우고 있는 다세대 주택 대문으로 들어서는 혜신.

11 선영의 방, 낮

혜신은 선영이의 방문을 확 밀치며 들어선다.

혜신

야. 또 자냐?

만화책을 잔뜩 쌓아놓고 잠들어 있던 선영이 시끄럽다는 듯이 찡그리며 돌아눕는다. 선량한 둥근 얼굴에 큰 체구, 하얗고 무른 살집의 선영. 혜신은 선영이를 발로 톡톡 건드리며.

혜신

야, 언니가 놀아주러 왔잖아. 이제 안 자도 돼. 일어나.

선영

(절대로 안 일어나겠다는 듯이 찡그리며)

몇 시야?

혜신

(시계를 보며)

3시 반.

선영

어엇!

선영은 깜짝 놀라 벌떡 일어나 안 떠지는 눈을 억지로 뜨며 부산하게 옷을 갈아입는다. 혜신은 선영이 일어난 자리에 느긋하게 팔을 괴고 옆으로 누워 만화책들을 들춰보며,

혜신

너는 맨날 만화책 보다 자고,
만화책 보다 자고, 지겹지도 않냐?
그렇게 살면 니가 만화책인지 만화책이 넌지 구분이 가?

옷을 다 갈아입은 선영은 가방을 꺼내 옷가지를 쑤셔 넣고 있다. 혜신은 몸을 빙글 돌려 선영이를 향해 앉으며,

혜신

우리가…… 지금 이러고 있을 때가 아니야.
애들이 우리만 빼고 다 어디 갔는지 알아?

선영은 혜신이 손에 들고 있는 만화책을 빼앗아 가방에 넣는다.

선영

늦었어. 너 여기 있다 갈 거야?

혜신

야, 너 어디 가? 내가 놀아준다니까.

선영

그럼 이따 나갈 때 문 잘 잠그고 가.

주저 없이 출발하는 선영. "어어어—" 하면서, 대충 만화책을 하나 집어 들고, 선영이를 따라나서는 혜신.

혜신

어디 가는데?

선영은 신발을 꿰신으며,

선영

대전.

선영은 쏜살같이 뛰어나간다. 만화책을 손에 쥔 채 망연히 혼자 남겨진 혜신.

12 혜신의 방, 낮

다음 날도 역시, 날씨 한번 좋다. 혜신은 침대에서 정신없이 잠들어 있다. 혜신 옆에는 어제 선영이의 집에서 가져온 만화책이 놓여 있다. 방 옆의 거실로부터 들려오는 소리.

어머니(소리)

응, 우리 혜신이? 맨날 집에서 놀지, 뭐.
아유……, 이제 본과 올라갔잖아. 본과 가면 얼마나 힘든데.

방학 내내 맥을 못 춰. 이러다간 애 잡겠다는 생각도 들고 다른 거 뭐 잘하는 거라도 있으면 그걸 시키겠는데…….

13 거실, 낮

어머니는 소파에 앉아 손에 바느질감을 들고 전화를 하고 있다.

어머니

안 돼……, 얘. 혜신이는 아무것도 못해. 걔는 고춧가루랑 깨소금도 구별 못 하는 애야. 걔가 가면 도움이 되는 게 아니라 더 짐만 되지. 현진이가 그런 거 알아서 더 잘하잖아. 그래……? 그럼 내가 한번 물어보기는 할게. 어……, 그래라.

어머니가 전화를 끊자, 혜신이 자기 방문을 열고, 하나도 안 잔 사람 같은 멀쩡한 얼굴로 걸어 나와 화장실 쪽으로 가면서,

혜신

엄마, 누구야?

어머니

너 안 잤어?

혜신

누구랑 내 얘기 했어?

어머니는 바느질을 다시 시작하면서 건성으로 대답한다.

어머니

윤주 이모. 이모가 미국 여행 가게 됐다고,

너 혹시 집에 와서 한 일주일 애들 봐주면 안 되냐고…….

그래서 내가 혜신이는 안 된다고 그랬어……. 안 가도 돼.

고등학생, 중학생 다 큰 여자애들이 있는데 뭐가 걱정이야.

혜신은 화장실에 가던 발걸음을 돌려 어머니 곁에 와 앉으며 사뭇 진지하게,

혜신

아냐, 엄마. 내가 갈게. 나도 그런 거 할 수 있어.

어머니는 얘가 왜 이러나 싶어서,

어머니

너 놀아야 한다며. 본과 방학은

'절대 잊지 못하도록 신나게' 놀아야 하는 거라며.

혜신

가서 놀면 되지.

어머니

거기가 서울도 아니고……. '대전'이 아무리 가까워도 한번 가면 일주일 내내 거기 박혀 있어야 될 텐데, 어떻게 놀아?

14 혜신의 방, 저녁

창밖으로 높이 달이 떠 있고, 침대 위에는 가방과 옷가지 같은 것이 곱게 챙겨져 있다. 혜신은 책상 앞에 앉아 일기를 쓰고 있다.

혜신(V.O.)

사람들은 이렇게 해서 대전에 가는구나…….

혜신은 뿌듯한 표정으로 창밖의 달을 올려다보고, 일기장을 덮고, 옷가지와 『구강조직학』과 『애크로이드 살인 사건』 등의 책 몇 권과 일기장 같은 것을 가방에 챙겨 넣는다.

15 현관, 낮

혜신의 방에서 들리는 어머니 목소리.

어머니(소리)

윤주 이모가 바깥일 하느라, 지 몸은 잘 꾸며도
살림은 못해. 그래도 워낙에 사치스럽고 손도 큰 애니까
용돈은 잘 챙겨줄 거야. 집안일은 현진이가 곧잘 한다더라.
그러니까 너는 그냥 애들 학교 갈 때 깨워주고,
집에 오면 숙제 봐주고 그러면 돼.

혜신이 가방을 들고 방에서 나오고, 못내 걱정스러운 표정의 어머니가 따라 나온다.

어머니

안 가도 된다니까…… 왜 이렇게 갑자기 얌전을 떨까.
집에서도 생전 일 한번 안 하던 애가…….

혜신

이모 돈 잘 준다며. 용돈도 벌고 좋잖아. 나 간다.

신이 난 혜신이 종종거리고 나가는 것을 걱정스럽게 바라보는 어머니.

어머니

전화 자주 하고.

16 서대전역, 낮

서대전 역사 밖으로 비가 쏟아지고 있다. 저녁처럼 흐린 하늘, 비에 젖어드는 건물들. 폭우 때문인지 사람들이 하나도 보이지 않아서, 모두가 버리고 떠난 도시 같다. 난감하게 바깥을 내다보고 있는 혜신. 결심을 한 듯 손으로 머리를 가리고 택시 정류장으로 뛰어간다.

17 이모네 아파트 문 앞, 낮

문이 확 열리면 머리에서 물이 뚝뚝 떨어지는 이모가 문을 연다. 흠뻑 젖은 서로의 모습을 보면서 깜짝 놀라는 두 사람.

이모

비 맞았구나?

18 이모네 아파트 거실, 낮

브래지어에 팬티만 입고 있는 이모. 얼른 욕실에서 수건을 꺼내 와 혜신에게 준다. 혜신은 이모의 스스럼없는 '복장'에 놀라, 말을 못 하고.

이모

나는 머리 감느라고.

이모는 물이 떨어지는 머리카락을 손으로 감싸고 욕실로 다시 뛰어 들

입구
Entrance
표 사는 곳
Tickets

어간다. 혜신은 거실에 가방을 내려놓고 머리를 닦으며 이리저리 집 안을 두리번거린다. 욕실로부터 이모의 목소리가 들린다.

이모(소리)

욕하지 마, 집 안이 너무 지저분해.

혜신은 집 안을 다시 둘러본다. 웬걸, 깔끔하게 정리되어 있는 실내. 유리창까지 반들반들한 것 같다.

이모(소리)

내가 오늘 너무 정신이 없어서 그래. 이모 살림 못한다고
엄마한테 이르면 혼난다…….

부엌에서 뭔가 넘치는 소리가 들린다. 이모는 아무것도 감출 것이 없다는 듯 팬티 바람으로 부엌으로 뛰어간다. 다시 부엌에서 들리는 소리.

이모(소리)

미역국 한 솥 끓였으니까 이걸로 며칠 먹어.
밥통에 밥도 있고. 냉장고에 반찬도 좀 해놨어.

혜신은 부엌 쪽으로 고개를 빼고,

혜신

바빴을 텐데 뭘 그런 걸 다 했어. 내가 다 하면 되는데.

이모는 머리를 닦으며 안방으로 간다.

이모

야야, 됐다. 니네 엄마가 귀한 딸 손에 물 한 방울 안 묻히고
키운 거 다 아는데……. 그래도 니네 엄마는 얼마나 좋겠니.
하나뿐인 딸 공부 잘해서 턱 하니 치대에 붙고,
이제 걱정할 일 하나도 없으니.

19 이모네 안방, 낮

이모는 옷을 대충 갖춰 입고 화장을 하고 있다. 혜신은 따라 들어와 이모가 화장하는 것을 구경하며,

혜신

나 이모 이사 오고 여기 처음 와본다.

이모

그래? 이모가 자주 부르고 그래야 되는데
사느라고 너무 바빴다.

혜신

깨끗하고 너무 좋은데?

이모

그런 소리 하지 마라, 야.

니네 엄마는 나 하고 사는 거 보면 야단야단할 텐데.

혜신은 할 말이 없다.

이모

음식 같은 거 입에 안 맞아도 그냥 막 찔러 넣어.

그래도 먹어야 되니까.

이모가 혜신이 데려다 고생만 시켜서 어떡하니?

혜신은 역시 할 말이 없다.

혜신

이모 미국 가서 너무 좋겠다. 미국 어디로 가는 거야?

이모

일루 와봐…….

다소 화려해 보이는 화장을 끝낸 이모는 냉큼 혜신의 손을 잡고 거실로 데리고 나간다.

20 거실, 낮

이모는 책꽂이에 꽂혀 있는 전화번호부를 꺼내 펼친다. 안에 들어 있는 만 원짜리 지폐들.

이모

10만 원인데, 이걸로 일주일 동안 생활비 하고…….

전화번호부에 도로 돈을 끼워놓은 후, 손을 잡고 이번에는 부엌으로 간다.

21 부엌, 낮

식탁 옆에 걸려 있는 서예 액자('책을 읽는 것은 생각하기 위함이고 생각을 하는 것은 행동하기 위함이다.'라고 쓰여 있다.) 뒤에서 3만 원을 꺼내 비밀스럽게 보여주는 이모.

이모

이거는 비상금이야.

혜신

응…….

액자를 도로 내려놓은 이모는 약간 주저하면서 주머니에서 잘 접힌 만원짜리 몇 장을 꺼낸다.

이모

이거는 너 용돈 쓰고……, 응?

이모는 혜신으로부터 눈을 돌리며,

이모

많이 못 줘서 미안하다.

22 아파트 건물 입구 앞, 낮

여행 가방을 옆에 세우고 정장에 하이힐로 잘 차려 입은 이모와 혜신이 아파트 건물 입구에서 비가 내리는 걸 보고 서 있다. 혜신은 이모의 신발을 내려다보며,

혜신

이모, 비행기 오래 타야 될 텐데 그런 거 신고 괜찮겠어?

이모

(별로 신경 쓰지 않고 자기 생각에 사로잡혀)

괜찮아, 괜찮아.

택시가 와서 선다. 혜신은 이모에게 우산을 받쳐주고 함께 뛰어나간다. 이모를 택시에 태워 보내면서 손을 흔드는 혜신.

23 거실, 낮

창밖으로 주룩주룩 비가 오는 것이 보이고, 혜신은 전화를 하고 있다.

혜신

응, 엄마, 나 왔어. 아니……, 이모 방금 나갔어.

바쁘다고 막 뛰어나갔어.

혜신은 이모가 준 돈을 꺼내 세어본다. 5만 원. 실망한 표정의 혜신.

혜신

엄마, 근데, 이모 좀 이상해.

몰라……. 어딘가 좀 이상해.

그게 있잖아……, 돈을 막 여기저기 숨겨놓는다.

아니……, 많이도 아니고 자잘한 돈을…….

(사이)

알았어, 알았어. 끊어, 그럼.

전화를 끊고 전화기 앞에 가만히 앉아 있는 혜신. 다시 전화를 한다.

혜신

준형이니? 나 혜신이 누난데……,

내가 지금 대전에 있거든…….

혹시 대전에서 메시지 받으면, 나한테 전화 좀 해달라고.

혹시 몰라서 너 책 내가 갖고 왔거든. 여기 전화번호가……

(수첩을 뒤지며)

잠깐만……. 466-248…….

삐삐삐— 시간을 재촉하는 소리. 다시 급하게 버튼을 눌러 음성 녹음 시간을 연장한다.

혜신

여기 전화번호는……

466-2482.

전화를 끊은 혜신은 잠깐 전화기 옆에 앉아 있다가, 일어서서 여기저기 집 안을 둘러본다. 부엌이랑 아이들 방이랑 하나하나 열어보고 돌아와서 소파에 털썩 앉는 혜신. 크고 푹신한 소파. 혜신은 시험 삼아 소파에 누워본다. 쿠션도 푹신하다. 마음에 든다.

24 부엌, 낮

냉장고를 여는 혜신. 포도가 엄청나게 많다. 포도 한 송이를 꺼낸다. 현관에서 벨 소리.

25 현관, 낮

혜신이 포도를 든 채로 현관문을 열자 뛰어 들어오는 남자 국민학생, 정훈.

혜신

어, 정훈이 왔구나? 덥지?
포도 먹을래?

정훈은 고개를 가로저으며, 자기 방으로 쏙 들어간다. 혜신은 포도를 씻으러 부엌으로 간다.

26 부엌, 낮

가방을 내려놓고 부엌으로 와서 냉장고를 여는 정훈. 얼굴이 빨갛게 상기되어 있다. 냉장고 앞에 서서 주스를 벌컥벌컥 마시더니 '빼빼로'를 꺼내 먹는다. 혜신은 포도 쟁반을 내려놓고 식탁에 앉는다.

혜신

학교 잘 갔다 왔어?

정훈은 혜신을 등진 채로 고개만 살짝 돌려 조그맣게 "네." 대답한다. 현관 벨이 울린다. 누군가 싶어 의아한 혜신. 정훈은 당황한 표정으로 혜신을 슬쩍 보더니, 자기 방으로 뛰어가버린다. 다시 거칠게 현관 벨을 누르는 소리.

27 현관, 낮

혜신은 느릿느릿 현관 쪽으로 간다. 정훈은 자기 방 문간에 서서 뭔가 호소하는 눈으로 혜신을 보고 있다. 그 뜻을 알 수 없어 어떻게 해야 할지 모르는 혜신. 이번에는 세게 문을 두드리는 소리.

여자아이1(소리)

김정훈! 안에 있는 거 다 알아. 문 열어!

여자아이의 새된 목소리. 혜신은 정훈에게 눈짓을 하고 현관으로 가서 정훈의 신발을 감춘다. 정훈은 자기 방으로 들어가 문을 닫는다.

여자아이1, 2(소리)

김정훈!

문을 여는 혜신. 문 밖에는 정훈의 또래지만 키가 훨씬 큰 여자아이 둘이 깡패같이 버티고 서 있다.

여자아이1

(약간 놀랐지만 뻔뻔하게)

누구세요?

혜신

나……? 정훈이 사촌 누난데…….

여자아이1

들어가도 돼요?

혜신이 "어어……" 하는 사이, 이미 밀고 들어오는 여자아이 둘.

28 거실, 낮

여자아이들은 거실에서 집 안을 휙 둘러보며,

여자아이

정훈이 없어요?

혜신

어. 지금 없는데.

여자아이1

아까 이리로 들어오는 거 봤는데요?

혜신

응, 방금 나갔어.

여자아이1

이상하다, 엘리베이터는 그대로 있던데.

여자아이2

(여자아이 1에게 속삭이며)

계단으로 갔나 보다. 우리 올라오는 거 알고.

미심쩍은 표정의 여자아이 1. 다시 날카로운 눈으로 집 안을 둘러본다.

혜신

포도 먹을래? 씻어놨는데.

여자아이1

아니에요, 괜찮아요.

혜신이 제법 태연하게 포도를 먹는 것을 보면서 여자아이 2는 아쉬운 표정을 짓는다.

여자아이1

여기 몇 평이에요?

혜신

응……? 저, 나는 잠깐 집 봐주러 온 거라 잘 놀라.

여자아이 1의 눈이 닫혀 있는 정훈의 방 문 앞에 멈춘다.

여자아이1

저기가 정훈이 방이에요?

포도를 먹던 혜신의 손이 멈칫.

혜신

응…….

말릴 새도 없이 여자아이 1은 정훈의 방문을 확 연다.

29 정훈의 방, 낮

안에는 아무도 없다. 쪼로록 따라가서 함께 정훈의 방을 구경하는 여자아이 2. 혜신도 걱정이 되어 그리로 따라가본다.

여자아이 2

(느릿느릿 살펴보며)

정훈이 방이 이렇게 생겼구나.

여자아이 2는 혜신을 돌아보면서,

여자아이 2

정훈이는요, 자기 집에 절대로 못 놀러오게 해요.

오늘은 정훈이 어머니가 어디 가셨다고 하길래

쳐들어온 거예요.

여자아이 2는 부끄럽다는 듯이 씩 웃는다.

혜신

(억지로 미소를 지으며)

응. 그래?

정훈의 방을 요모조모 살펴본 여자아이 1이 여자아이 2에게

여자아이1

야, 가자.

혜신

으응, 갈래?

30 현관, 낮

문을 열고 나서는 여자아이 둘.

여자아이1, 2

안녕히 계세요.

혜신

그래, 다음에 또 놀러와라.

혜신은 문을 잠근다. 정훈의 방 쪽으로 간다.

31 정훈 방, 낮

혜신

갔어.

정훈은 자기 방 옆의 베란다 벽에 납작하게 붙어 서 있다가 비로소 방으로 건너온다.

혜신

(장난스럽게 눈을 찡긋하며)

정훈이 여자애들한테 인기 많구나?

정훈은 화가 난 듯 바쁘게 가방을 챙기며,

정훈

(억지로 내리깐 목소리로)

그런 거 아니에요…….

정훈은 가방을 들고 부엌으로 간다.

32 부엌, 낮

정훈은 냉장고에서 '빼빼로'를 다시 꺼내 먹는다. 혜신은 정훈 옆의 식탁 앞에 앉으며,

혜신

왜, 정훈이는 여자애들 싫어?

정훈

(여전히 혜신과 눈을 마주치지 않고)

네.

혜신

왜?

정훈

목소리가…… 이상해요.

정훈을 물끄러미 바라보는 혜신. 아직 변성기가 오지 않은 정훈의 가늘고 여릿여릿한 목소리의 여운. '빼빼로'를 다 먹은 정훈은 가방을 들고 뛰어나가며,

정훈

(작은 목소리로)

다녀오겠습니다.

혜신

(따라 나가며)

어디 가니?

정훈(소리)

서예학원요…….

현관문을 닫고 부엌으로 돌아온 혜신은 다시 한번 벽에 붙어 있는 서예 액자를 들여다본다. '책을 읽는 것은 생각하기 위함이요, 생각을 하는 것은 행동하기 위함이다.'를 입속으로 따라 읽으며. 흘끗 볼 때는 그럴듯하던 것이 자세히 보면 흔들리고 삐치는 어린아이의 글씨이다.

33 택시 안, 저녁

뒷좌석에 타고 있는 정훈과 그의 두 누나, 현미와 현진. 현미는 단발머리 중학생이고 현진은 머리를 하나로 묶은 고등학생이다. 정훈은 아무 말 없이 구석에 끼어 있고, 현미와 현진은 들떠서 서로 속닥거린다. 앞자리에 앉은 혜신은 비가 오는 대전 거리를 줄곧 내다보고 있다.

현미

언니. 대전 처음 온 거예요?

혜신

왜, 옛날에는 자주 왔지. 너네 갓난쟁이 때.
현진이 처음 낳고는 우리 엄마가 내 손 잡고,
거의 주말마다 와서 김치도 담그고 청소도 하고 그랬는걸.
나 여기서 같이 놀던 친구도 있어.

(창밖을 열심히 내다보며)

근데…… 이젠 하나도 모르겠다. 처음 오는 데 같애.

현진

이쪽은요. 신新시가지라서 아마 정말 처음 오는 데일 거예요.

비에 젖어 어둠 속에 검게 번들거리는 건물들이 높게 들어서 있는 대전의 신시가지.

34 동양백화점 지하 식품 매장 안, 저녁

광활하고 풍성한 백화점 지하 식품 매장 안. 입구에서 카트를 끌고 가기 시작하는 네 사람. 혜신이 카트를 끌고 아이들이 뒤를 따른다.

혜신

자, 오늘부터는 다른 건 몰라도 먹을 거만큼은
신나게 먹는 거야. 그, 그, 뭐냐, 미역국!
그거 한 솥만 다 먹고 나면, 건강에 좋고, 살도 안 찌고,
지루하기 짝이 없는 그런 음식과는 이제 안녕이야.
우리는 좀 더 근사한 음식, 음식다운 음식,
먹으면 곧바로 살로 가는 고칼로리에,
한밤중에 일어나 물을 벌컥벌컥 마시게 하는,
그런 강력한 음식을 먹을 거야.

비타민이나 칼슘 같은 건 깨끗이 잊어버려.
너네 엄마도 너네 놔두고 즐기러 갔으니까
우리도 그런 것쯤은 먹어도 되겠지, 응?
자, 자, 뭐 먹고 싶어?

현진은 조용히 입을 가리고 웃고 있고, 현미는 신이 났다. 정훈은 애써 주변의 일들을 무시하고 있다.

혜신

(야채칸에서 애호박을 들어 보이며)

언니는 나이 들어서 고작 호박나물이나 이런 거밖에
생각 안 나. 그럼 호박만 사가지고 간다?

현미, 현진

아니에요…….

혜신

그럼, 뭐? 스파게티나 뭐 그런 거 있잖아,
니들 좋아하는 거. 현진이부터 말해 봐.

현진

(부끄러워하면서)

스파게티요…….

혜신

그래, 스파게티! 좋은 생각이다.
그럼 우리는 닭가슴살 스파게티를 먹기로 하자.
현진이가 가서 스파게티 면이랑 닭가슴살이랑
토마토소스랑 찾아와.

현진은 잘 훈련된 개처럼 충실하게 식품들의 미로 속으로 그것들을 찾으러 간다.

혜신

현미는?

현미

저는…… 떡볶이요.

혜신

떡볶이? 달랑 떡볶이? 떡볶이는 당연히 먹는 거지.
떡볶이는 날마다 먹을 거야.
날마다 아침밥으로 먹자. 딴 거 대봐.

현미

그럼 피자.

혜신

그래, 피자. 그럼 피자를 하는 거야. 어떤 피자가 좋을까?
너무너무 좋아하는데 말하기 부끄러워서
못 시켜 먹는 거, 그런 거 없어?

현미

베이컨…….

혜신

그래, 베이컨! 베이컨 좋다. 베이컨을 잔뜩 넣어서
보기만 해도 느끼한 그런 피자를 만들자.
자자, 베이컨은 여기 있고.

혜신은 베이컨과 피자 치즈, 양파 같은 것을 마구 카트에 주워 담으며,

혜신

정훈이는?

정훈은 말없이 딴 데만 본다.

혜신

정훈이도 뭔가 없어? 끝내주는 걸로?

소스세트
TOMA

SALE

현미도 싱글거리면서 “야, 말해……” 하고 정훈을 재촉한다. 정훈은 품위라도 상한 것처럼 얼굴이 빨개지며 주위를 둘러본다. 부자연스럽게 목소리를 깔고 현미를 향해,

정훈

아무거나…….

혜신은 모른 척하고 정훈에게 카트를 맡긴다. 혜신은 현미의 손을 잡아끌며,

혜신

자, 우리도 이제 본격적으로 사냥을 가자구.

현미는 “언니, 돈도 없을 텐데…….” 하면서 따라간다. 신나게 음식을 집어드는 두 사람. 카트에 ‘빼빼로’ 한 무더기를 슬쩍 던져 넣는 혜신.

35 동양백화점 도로 앞, 밤

빗속에서 화려하게 점멸하는 동양백화점 네온사인. 백화점 앞에는 야구 경기라도 끝난 것처럼 많은 사람들이 우산을 들고 빽빽하게 서 있다. 차를 기다리느라 일제히 한쪽을 향하고 있는 사람들. 버스가 오면 우르르 몰려가고, 택시를 잡기 위해 도로까지 나와 섰다. 혜신과 아이들은 제각각 무거운 비닐봉지를 힘겹게 들고 서서 택시를 기다리고 있

大
바겐세일

다. 한참을 기다렸는지 추적추적 젖어버린 혜신. 혜신의 앞쪽으로 한 떼의 우산들이 시커멓게 흔들린다. 빗소리와 차 소리에 씻겨 사람들 소리가 잘 들리지 않는다. 쉽게 택시를 잡을 수 있을 것 같지 않다. 걱정이 되어 뒤를 돌아보면 지친 아이들의 얼굴이 우산에 반쯤 가려져 있다. 차가 오는 쪽으로 향하고 있는 아이들의 푸른 얼굴에 연신 스쳐 가는, 헤드라이트의 노란 빛. 혜신은 뒤로 서 있는 커다란 동양백화점과 높게 솟은 새 건물들, 비 때문에 뿌연 대기로 흩어지는 도시의 불빛을 본다. 물속의 조용한 도시, 모두 얼굴을 가린 사람들. '나는 지금 어디에 있는 걸까?' 그런 느낌.

36 INSERT 컷들, 아침

설거지를 하고 있는 혜신.

혜신(V.O.)

어제는 바빠서 일기를 쓰지 못했다.
오늘 아침엔 일찍 일어나 아이들을 깨워 학교에 보냈다.
자랑스럽다.

빨래들을 주워 세탁기에 넣는 혜신.

대충대충 집 안을 치우는 혜신.

혜신(V.O.)

이모는 정훈이를 낳기 위해 두 번이나 아이를 지웠다.

정훈이는 우리를 언니라고 불렀고

우리들은 정훈이에게 여자아이의 옷을 입혔다.

질색을 하는 어른들을 보고

배가 아프도록 웃었던 생각이 난다.

정훈이는…… 언제부터 말이 없어졌을까?

37 베란다, 아침

혜신은 베란다에 서서 아파트들을 내다본다. 바람이 불어 혜신의 앞머리를 날린다. 혜신의 거실 창밖과는 사뭇 다른 풍경. 표정 없이 똑같이 뚫린 창문들과 뾰족뾰족 올라온 아파트 머리들. 저 안에도 사람들이 살고 있을까? 아파트 꼭대기에는 환기통들이 돌아가고 있다. 작은 것은 빠르게. 큰 것은 느리게. 아파트들 너머로 보이는 학교와 집들, 골목길과 기찻길. 혜신은 베란다 난간을 잡고 하늘을 향해 노래를 불러본다.

혜신

나는 서쪽 종탑의 여자아이

당신을 사랑하는 건 아무도 몰라요.

분홍 노을이 하늘을 물들이듯

저녁 종소리가 당신 귀를 가릴 때에만

사랑한다고 사랑한다고 큰 소리로 외치니깐.

38 혜신의 꿈, 낮

음악. 낯선 길을 걸어가는 사람의 시점 샷. 하얗게 반짝이는 자갈들, 키가 작은 회양목, 파란 쇠 난간. 눈을 돌리면 연못가 바위들 사이에 벤치가 있고, 스무 살이 채 안 되어 보이는 남자아이와 같은 또래의 여자아이가 나란히 앉아 있다.

남자아이와 여자아이는 연못을 바라보고 있다. 초록색으로 흐린 수면이, 한가운데에 있는 청동 분수에서 흘러나오는 물 때문에 조용히 흔들린다. 하얗고 단정한 얼굴의 남자아이. 여자아이는 사진 속에서 본 혜신의 친구 지혜이다.

지혜

국민학교들은 다 비슷한가 봐.
우리 학교에도 꼭 저런 거 같은 분수가 있었는데.

남자아이는 말없이 분수만 본다. 지혜는 남자아이의 옆얼굴을 본다.

지혜

니 얼굴은 신부神父의 얼굴이야. 약하고, 헌신적이고,
여자애들한테 관심이 없지. 우리 엄마 같으면
약 먹은 강아지처럼 힘이 없다고 했을 거야.

남자아이는 여전히 시선을 돌리지 않는다.

지혜

말해봐, 그러면 왜 내가 수업 시간에 고개를 돌릴 때마다
너랑 눈이 마주치는 거지?

남자아이는 고개를 돌려 지혜를 바라본다.

39 거실, 낮

혜신은 소파에서 잠들어 있다. '띵똥띵똥' 현관에서 울리는 벨소리. 혜신은 스르르 일어나 현관으로 간다. 마치 방금까지, 자고 있었던 게 아니라 잠깐 누워만 있었다는 듯이.

40 현관, 낮

교복을 입은 현미가 들어선다.

현미

다녀왔습니다.

혜신

왔어? 덥지? 포도 먹을래?

현미

네.

41 거실, 낮

선풍기를 쐬면서 포도를 먹고 있는 현미와 혜신.

혜신

왜 벌써 왔어?

현미

오늘 모의고사 봤어요.

혜신

중학생도 모의고사 보나?

현미

언니, 중학생도 힘들어요!

혜신은 이 중학생이 귀여워서 포도 씨를 뱉으면서 푸푸 웃는다.

혜신

현미는 공부 잘하니?

현미

네.

혜신

(선뜻 나오는 대답이 놀라워서)

보기보다 모범생이구나, 현미.

현미는 부정하지 않고 웃기만 한다.

혜신

현미는 뭐 되고 싶니?

현미

(눈을 반짝이며)

정치가요. 아니면…… 축구 선수.

혜신

와……. 나도 국민학교 때까진 축구 선수 되고 싶었는데.

현미

근데 왜 치대 갔어요?

혜신

이빨 썩는 게 싫어서.

현미는 키득키득 웃는다.

현미

있잖아요, 우리 엄마는 맨날 저희보고
공부 열심히 해야 된다고, 혜신 언니는 외동딸이니까
치대 간다고 삼수해도 괜찮은데, 우리는 셋이나 되니까,
삼수하면 큰일 난다고…….

말을 하다가 뭔가 실수했다고 생각하는 현미. 포도 씨가 걸린 듯 기침을 하다가,

현미

아……, 나 지금 나가야겠다.

혜신

놀러 가?

현미

시험 끝났으니까.

혜신

같이 나가자. 나도 산책이나 갔다 올랜다.

자리를 정리하면서 일어나는 혜신과 현미. 현미는 베란다 빨랫줄에 걸린, 어제 입은 혜신의 옷을 가리키며,

현미

언니, 저 저거 입고 나가도 돼요?

혜신

으응……, 그래.

42 국민학교 앞길, 낮

좋은 날씨다. 슬슬 산책을 즐기고 있는 혜신. 뒤로 아파트 단지가 보이는 주택가. 문방구가 보이고, 조그만 슈퍼가 보이고, '중촌국민학교'가 나온다.

43 학교 연못 옆, 낮

혜신은 하얀 자갈이 깔려 있고, 낮은 회양목 나무가 파란 난간 옆에 둘러서 있는 연못 옆길을 천천히 걷고 있다. 연못 가운데에 있는 조그만 청동 분수에서 물이 뿜어져 나온다. 혜신 꿈속의 광경. 그러나 혜신의

표정은 그저 심상할 뿐 특별한 느낌은 없다.
수업이 끝난 지 꽤 되었는지, 아이들이 간간이 지나갈 뿐이다. 혜신은 연못가의 벤치에 가서 앉는다. 햇빛이 좋다. 혜신은 눈을 감고 햇볕을 받는다. 기분이 좋은 듯 미소를 띤다.
등 뒤로 들려오는 아이들의 목소리. 혜신은 여자아이 1, 2의 목소리를 알아채고 옆으로 돌아본다. 여자아이 1, 2와 정훈이 자못 친밀하게 떠들면서 지나가고 있는 중. 아이들은 혜신을 보지 못한다.

여자아이 2

그 집 아줌마는 손가락이 하나 없으니까 딴 집으로 가자.

여자아이 1

손가락 하나 없는 거랑 떡볶이랑 무슨 상관이야.
싸니까 더 좋지.

낭랑한 목소리를 내는 여자아이들의 의견 발표에 이어 정훈도 뭔가 토론에 참여하고 있는 것 같은데, 거리 때문에 잘 들리지 않는다. 다정하게 교문을 빠져나가는 아이들의 뒷모습을 혼란스러운 표정으로 바라보는 혜신.

44 부엌, 밤

시계는 8시를 가리키고 있다. 혜신과 현진은 식탁을 치우고 있다. 정훈은 '빼빼로'를 먹으면서 마루에서 가수들이 나오는 듯한 TV를 보고 있다. 혜신은 그릇들이 쌓인 개수대 앞에 서서,

혜신

정훈아, 설거지하자…….

현진이 손을 걷으며,

현진

언니, 제가 할게요.

혜신

아니야, 스파게티 만드는 것도 니가 도왔잖아.

부엌으로 들어오는 정훈에게 엄마처럼 말하는 현진.

현진

너 숙제 다 했어?

정훈은 고개를 가로젓는다.

현진

가서 숙제해.

현진은 고무장갑을 끼고 설거지를 시작하고, 정훈은 설거지를 하는 두 사람을 잠깐 보다가. 어깨를 축 늘어뜨리고 자기 방으로 들어간다.

45 INSERT 컷들, 낮

안방 청소를 하고 있는 혜신. 바닥을 닦고, 화장대를 닦고. 갑자기 화장대 서랍을 열어서 이것저것 뒤져본다. 장롱 서랍도 열어서 옷 사이를 뒤진다.

혜신(V.O.)

분명히 비밀이 있다. 나는 느낄 수 있다.

의자를 놓고 장롱 위에 올라가 손을 뻗힌다. 거기에 뭔가 잡혀지는 것. 이모의 여권. 여권을 찬찬히 넘겨보는 혜신.

혜신(V.O.)

오늘 아침엔 이모의 여권을 발견했다.

의자에 앉아 생각을 하는 혜신.

혜신(V.O.)

이모가 미국에 가지 않았다는 건 거의 확실하다.
그렇다면 이것들은 다 어찌 된 일일까?

대한민국
REPUBLIC OF KOREA
여권
PASSPORT

정훈의 방에 들어가 책상을 뒤진다.

혜신(V.O.)

아이들도 뭔가 숨기고 있다…….
정훈이는 그 끔찍한 여자아이들의 적이 아니라
친구라는 것이 밝혀졌다.
현미는 어젯밤 연락도 없이 늦게 들어왔다.
현진이는…… 현진이는 지나치게 싹싹하다.
게다가 그 아이는 입을 가리고 웃는다.
이것은 뭔가를 감추고 있다는 증거이다.

현진, 현미의 방에서 노트와 수첩 등을 꺼내 조사하는 혜신. 컴퓨터도 켜본다.

혜신(V.O.)

나는 주의 깊고 예민한 사람이다. 어디 한번 숨겨보시지.
그렇다면 나는 탐정이 되겠다. 모든 음모를 밝혀내겠다.

비밀이 있을 거라는 생각에 신이 난 듯, 한껏 상기된 목소리.

46 거실, 낮

소파에 누워 쿨쿨 자고 있는 혜신.

47 혜신의 꿈, 낮

음악. 기찻길 옆을 따라가는 사람의 시점 샷. 멀리로 굽어지는 기찻길. 반짝이는 금속 철로, 건너편 기찻길에, 지난번 꿈속의 남자아이가 같은 또래의 다른 여자아이, 사진 속에서 본 혜신의 친구 연정과 나란히 걷고 있다. 한동안 말없이 걷기만 하다 연정이 입을 뗀다.

연정

나는 너한테 관심이 없어. 니 미소에 관심이 있지.

키가 큰 꿈속의 남자아이, 걷기만 한다.

연정

웃어봐.

남자아이는 순순히 고개를 돌려 환히 미소 짓는다. 우뚝 멈춰 서서 눈이 부시다는 듯 그 모습을 올려다보는 연정.

연정

정말 하얗고 고른 이빨이야.
한밤중에 내리는 눈처럼 하얗구나.
본을 떠서 갖고 싶을 정도야. 만져봐도 되겠니?

연정은 남자아이의 얼굴로 손을 가져가면서 점점 가까이 다가간다. 남

자아이에게 키스하는 연정. 기차가 지나간다. 기적을 울리며.

48 거실, 낮

전화벨이 울린다. 얼른 전화에 손을 뻗는 혜신. 일어나 앉는다. 혜신의 목소리는, 안 자고 있었던 사람처럼 또랑또랑하다.

혜신

여보세요. 네, 그런데요.
어…… 예…… 저, 현미 어머니는 지금 여행 가셨어요.
예, 일주일이나 있어야 오실 거예요.
저는 현미 사촌 언닌데요…….
아…… 언제요……? 예, 그럼 제가 찾아뵙죠.
예……, 알았습니다.

49 현미의 학교, 낮

급하게 계단을 뛰어올라가는 혜신. '학생 선도실'의 문을 연다.

50 학생 선도실, 낮

선도실의 책상 앞에 마흔 줄의 남자 선생이 앉아 있고, 그 옆으로 교복을 입은 현미와 중년의 남자가 나란히 서 있다. 중년 남자는 하와이안

셔츠에 백구두, 포마드로 머리를 한껏 넘긴 차림. 목에는 굵은 금목걸이가 번쩍인다. 남자와 현미는 잔뜩 꾸지람을 들은 아이들처럼 움츠러든 표정. 혜신은 상황 파악이 안 되어 얼떨떨하다.

혜신

안녕하세요? 현미 언닌데요.

선생

아, 예…….

선생은 건성으로 인사하지만 얼굴에는 지겹다는 표정이 역력하다.

선생

어머니가 미국에 가서 언제 오실 줄 모른다고 하길래
좀 오시라고 부탁드렸습니다.

혜신

예에…….

선생

현미 어머니는 좀처럼 뵐 수가 없더군요.
그래서 대신 말씀도 드려놓고,
어머니가 정말 미국에 가셨는지 확인도 할 겸 해서요.

하얀 반팔 와이셔츠 윗단추를 풀어헤친 선생은 더운지 연신 손수건으로 땀을 훔친다.

선생

아이들은 거짓말을 하니까요.
선생들은 의심이 많아지지요.

혜신

현미가 무슨 잘못이라도…….

선생

옥상에서…… 남학생과 불미스러운 행동을 하다가
적발되었습니다.

혜신은 이게 무슨 뜻인지 정확히 몰라 적당히 강도 높은 죄스러운 표정을 짓는데, 선생은 자신의 모호하고 암시적인 말뜻이 제대로 전달되었는지 확인하기 위해 눈을 치뜨며 혜신의 반응을 살핀다. 커뮤니케이티브한 잠깐의 침묵. 선생은 혜신이 대충 알아들었다고 생각하고 말을 잇는다.

선생

아까 현미 아버님께도 말씀드렸지만,
현미는 성적도 나쁘지 않고 다른 학생들도

몹시 따르는 편입니다. 학급에서는 부반장도 맡고 있죠.
그렇기 때문에 이번 일은 더욱 좋지 않은 겁니다.
학교에서 그런 짓을 하다니, 대담하기도 하지요.
아마 선처의 여지가 거의 없을 겁니다.

책상에 있는 학생기록부에 눈길을 주는 선생.

선생

가만 보니, 현미는 부모님도 이혼을 하셨고
가정생활에 문제가 좀 있더군요. 이런 경우엔, 아시겠지만,
학교에서 해줄 수 있는 데도 한계가 있습니다.
일일이 신경 쓰기엔 학생들도 너무 많고……
가정교육이 제대로 되지 않고선…….

신물이 난다는 듯 화려한 중년 남자와 현미를 바라보는 선생. 다시 땀을 닦는다.

혜신

(겁을 먹긴 했지만 할 말은 하느라고)
아니, 그래도 그렇게 말씀하시면 안 되죠.
아직 어린 학생인데, 교육적 측면에서……
어떻게 좀 안될까요?

선생

징계위원회로 넘어갈 테니까 그때 가서 봐야죠.

다른 선생님들은 다른 의견일 수 있으니까요.

저로서는 더 드릴 말씀이 없습니다.

51 선도실 앞 계단, 낮

나란히 내려오는 세 사람. 심각한 분위기. 걱정스러운 표정의 혜신, 욕 봤다는 표정의 남자, 나오려는 웃음을 참고 있는 현미.

현미

(목소리를 낮춰)

아저씨, 이렇게 하고 오시면 어떡해요?

남자

(역시 낮춘 목소리로)

있어 보이게 하고 오라며.

현미

(재미있다는 듯이, 혜신에게)

심부름센터 아저씨예요.

모처럼 '아빠'가 학교에 오는 건데,

좀 멋있게 하고 오랬더니…….

52 교문 앞, 낮

현미는 주머니에서 돈을 꺼내 살짝 남자에게 건넨다. 남자는 돈을 받아 안 보이게 액수를 확인하고 주머니에 넣는다.

현미

5만 원 맞죠?

남자

나 이제 이거 안 해.
처음엔 학생이라고 특별히 싸게 봐준 건데……
차라리 바람난 마누라 찾으러 가는 게 낫지, 나 원 참.
진땀이 나서…….

현미

(히히 웃으며)
왜 그래요? 잘하시던데…….
한번 했으면 졸업할 때까지는 해줘야지…….

남자

됐어. 억만금을 줘도 이제 못 해. 간다…….

고개를 절레절레 흔들며 가버리는 남자.

53 학교에서 이어지는 길, 낮

나란히 걷고 있는 현미와 혜신. 단층 아파트들이 늘어선 길이 큰길로 이어진다.

혜신

돈은 어디서 났니?

현미

그까짓 것, 뭐.

혜신

들키면 어쩌려구?

현미

그럴 일 없어요, 언니. 우리 아빠 국방연구소에 계시잖아요.
몇 년째 기밀 프로젝트 하시는데요.
백날 연락을 하려고 해봐야 소용없지.

못 당하겠다.

혜신

남자애랑은…… 도대체 무슨 일인 거야?

현미

별거 아니에요. 뽀뽀하다 들켰어요.

휘파람 부는 듯 가벼운 현미의 말투에 혜신도 피식 웃어버리고 만다.

혜신

어떤 앤데? 애인이야?

현미

애인은 무슨. 그냥 뽀뽀 한 번 한 거라니까.

'그냥 뽀뽀 한 번'이라니?

현미

저는 잘 모르는 앤데……, 걔가 저를 좋아하나 봐요.
할 말 있다고 옥상에서 보자는데……
근데 제가 먼저 그랬어요. 날씨도 좋고,
뻔한 얘기 재미도 없고, 걔가 입술이 예쁘더라구.
갑자기 그렇게 하고 싶었어요.

혜신

(안타까워서)

조금만 참지, 그걸……. 나중에 실컷 해도 되잖아.

너는 중학생이야. 지금 잘못되면 평생을…….

갑자기 진지해지는 현미.

현미

언니는 뽀뽀 실컷 해보셨어요?

어엇. 혜신은 글쎄, 할 말이 없다.(사실은 안 해봤거든.)

혜신

그래도, 하지 말라는 건 안 하는 게 좋지.

어른들이 보기엔 그렇잖아.

선생님도 엄하신 거 같던데. 이제 어쩌려구…….

현미

저는 그런 건 신경 안 써요.

언니는, 정말로, 정말로, 그게 그렇게 큰 잘못이라고

생각하세요? 그게 그렇게 대단한가?

제가 누구 피해 줬어요?

뽀뽀 한 번 안 한다고 그건 또 뭐 그렇게 훌륭해?

한숨을 쉬는 혜신.

현미

죄송해요. 언니. 언니한텐 할 말이 없어요.
괜히 학교까지 와서 고생만 시키고…….

혜신

나는 괜찮아……. 니가 문제지.

현미

딱 한 가지만 더 부탁할게요…….
현진 언니한텐 아무 말도 하지 말아주세요.

혜신

그래도 현진이는 무서운가 보지?

현미

그게 아니라, 언니가 제 걱정을 많이 하거든요.

혜신

현진이가 현미를 예뻐하는구나.

현미

꼭 비밀 지켜주세요.

혜신

알았어. 대신, 앞으로는
다른 사람들 걱정시키는 일 없겠다고 약속해.

현미는 입을 다물고 잠시 생각을 하다가 차분하게 이야기를 꺼낸다.

현미

1학년 때…… 제 짝이 있었는데요, 기영이라구.
목소리가 되게 좋았어요. 나랑 그렇게 친하진 않았는데,
축제 땐 둘이 나가서 2중창 불러서 상도 받고 그랬어요.
그런데……, 걔가 작년에 옥상에서 뛰어내렸거든요.

'어머.' 깜짝 놀라 현미를 쳐다보는 혜신.

현미

아니에요, 언니. 저는 그런 건 아무렇지도 않아요.
우리는 모두 그런 일에 익숙하잖아요. 하지만요, 언니.
생각해보면 그렇잖아요. 그게 다 무슨 소용이겠어요?
아무리 잘해보려고 애를 쓰다가도,
갑자기 그렇게 덜미를 잡히고 나면 그냥 끝인 거잖아요.
걔가 제 짝이었는데요. 언니, 얼마나 글씨를 공들여서
예쁘게 썼는지 아세요? 우리 노래하러 나갈 때
자기는 너무 떨린다고 제 손을 꽉 잡는 거예요.

그건…… 정말 바보 같은 짓이었어요.
저는요……, 갖고 싶은 건 지금 당장 가질 거예요.
사람이 계속 기분 좋게 지낼 수 있으면 그게 어디예요,
그게 정말 대단한 거지.

혜신이 뭔가 말을 하려고 할 때 두 사람 옆으로 기차가 혜신의 목소리를 지우며 지나간다. '어느새 우리가 기찻길 옆을 지나고 있었구나.' 깨닫는 혜신. 기찻길은 혜신이 꿈속에서 본 장소와 동일하다. 그러나 혜신이 특별히 그걸 의식하고 있는 것 같지는 않다.

현미

언니, 근데, 저 오늘 친구들이랑 뭐 하기로 했거든요?
장기자랑 연습해야 되는데…… 가도 돼요?

혜신

언제 올 건데?

현미

글쎄, 저녁 먹을 때쯤?

혜신

늦지 않게 와. 토요일이니까 같이 피자 해 먹자.

현미

네에—.

금세 아이답게 신이 나서, 오던 길로 뛰어가는 현미. 그런 현미의 모습을 오랫동안 뒤돌아 바라보는 혜신. 멀리 기차가 굽어진 길을 돌아가며 기적을 올린다.

54 부엌, 밤

혜신은 싱크대 앞에서 엄청난 양의 베이컨과 야채들을 다듬고 있고, 현미는 바닥에 앉아 힘들게 밀가루 반죽을 하는 중이다. 정훈은 부엌을 흘끔거리며 TV 앞에서 빈둥빈둥 리모컨을 돌리고 있고, 현진은 옆에서 혜신을 돕고 있다.

혜신

(현미에게)

무슨 장기자랑이야?

현미

다음 주에 방학하면 걸스카우트 뒤뜰야영 가거든요.

혜신

니네는 뭐 하는데?

현미

'룰라'요.

혜신

(우습다)

룰라?

현미

저는 이상민이에요.

현미는 밀가루 반죽을 하다 말고 랩 하는 시늉. 그 모양을 보면서 조용히 웃는 현진.

현미

(밀가루 반죽을 하던 손을 놓고 얼굴을 찡그리며)

언니, 너무 힘들어요.

혜신

피자 먹자고 한 건 너잖아. 밀가루 반죽쯤은 해야지.

별로 할 일이 없던 현진이 손을 씻고 나서며,

현진

내가 할게.

헤헤 웃으며 반짝 일어나, 손을 씻으러 욕실로 뛰어가는 현미, '룰라' 노래를 흥얼거리며. 그 모습을 돌아보는 혜신.

55 안방, 낮

혜신(V.O.)

현미는 기쁨 속에 태어나지 않았다.

오후 볕이 들어오는 책상에서 일기를 쓰고 있는 혜신.

혜신(V.O.)

그 아이를 원한 사람은 없었다.
좀 더 일찍 알았더라면 이모는 현미를 지웠을 것이다.
나는 현미에게 할 말이 없었다.
아무런 주저함도 없이, 누구도 주려고 하지 않은 행복을,
자기 스스로 찾겠다는 이 걸스카우트 단원에게……

똑똑똑, 노크 소리가 들린다. 현진이 포도를 씻어 들고 들어온다. 혜신은 얼른 일기장을 덮는다.

현진

언니, 포도 드세요.

혜신

응, 그래, 고마워.

현진은 포도 쟁반을 책상 위에 놓고 자기도 옆으로 의자를 끌어다 앉는다.

현진

(흘끗 책상을 넘겨보며)

뭐 하셨어요?

혜신

그냥…….

현진

일요일인데, 좀 나갔다 오시지 그러세요.

애들도 집에 다 있고, 할 일도 없는데…….

혜신

아냐. 괜찮아. 갈 데도 없어.

현진

언니는…… 우리들 학교 가면 뭐 하세요?

답답하지 않으세요?

혜신

(수색을 하던 생각이 나서 좀 찔린다.)

으응…… 뭐, 별로……

책 보고 소파에서 낮잠도 자고…….

현진

소파에서요?

혜신

응.

현진

저 소파 무서운 건데…….

혜신

어, 왜에?

현진

저도 가끔 저 소파에서 자거든요,

현미가 잠버릇이 나빠서요.
근데, 저기서 잘 때마다 꼭 무서운 꿈 꿔요.

혜신

정말?

현진

언니는 괜찮았어요?

혜신

나는 원래 꿈 안 꿔서.

현진

꿈을 안 꾼다구요? 하나도?

혜신

하나도.

현진

에이…… 꿈 안 꾸는 사람이 어딨어요?
꾸긴 꾸는데 생각이 안 나는 거겠지. 원래 꿈은요,
기억하려고 안 하면 그냥 잊어버리는 거잖아요.

혜신

아니야. 정말 안 꿔.

예전에는 가끔 꿈도 꾼 거 같은데, 요새는 그냥 잠만 자.

워낙 피곤하니까.

현진

정말?

반신반의하는 현진. 그러나 어쨌든,

현진

언니, 오늘 저녁은 저희가 대접할게요.

오늘은 언니가 푹 쉬세요.

혜신

(대견해서 웃으며)

그럴래? 그럼 정말, 나가서 바람이라도 쐬고 올까?

요 앞에…… 만화방에라도 슬슬 갔다 와야겠다.

56 거실, 낮

'룰라'의 공연 비디오테이프를 틀어놓고, 연습에 열중하고 있는 현미.

히힛 웃어대면서 현미에게 참견하고 있는 정훈. 안방에서 현진이 고개를 내민다.

현진

소리 좀 줄여줘. 나 숙제하잖아.

57 안방, 낮

현진은 안방 책상으로 돌아와 숙제를 계속한다.

58 현관, 저녁

혜신이 현관으로 들어설 때, "아악!" 하는 비명소리가 들린다.

59 현진-현미의 방, 저녁

현미

(악을 쓰며)

왜 머리를 때려?

현진은 현미를 노려보더니, 입을 다물고 다시 현미를 때리기 시작한다. 혜신은 깜짝 놀라 현진을 막으며,

혜신

무슨 일이야? 왜 그래?

현진은 한 걸음 물러서더니, 원망스럽다는 듯 혜신을 향해 혜신의 일기장을 내밀고는 나가버린다. 일기장을 받아드는 혜신. 난감하다. 걱정스러운 얼굴로 서성거리며 방을 들여다보는 정훈. 현관에서 문이 쾅 닫히는 소리가 들린다. 현미는 책상에 앉더니 가방에서 다이어리를 꺼내 뭔가를 휘갈겨 쓰기 시작한다.

혜신

괜찮아? 그게…… 내가 말한 게 아니라…….

현미

(사납게)

됐어요. 괜찮아요. 현진 언니는 미쳤어요.

나중에…… 다 복수해줄 거예요.

복수 리스트를 작성하고 있는 현미.

현미

나는 하나도 안 잊어버릴 테니까…….

복수자의 냉혹한 표정.

60 아파트 옆 놀이터, 밤

엄마들이 아이들을 찾으러 다니는 어둑어둑한 밤. 혜신은 현진을 찾고 있다. 놀이터 그네에 앉아 있는 현진. 혜신은 현진이 옆 그네에 앉는다. 현진은 혜신을 돌아보지 않는다.

현진

저한테 잘못했다고 하지 마세요, 언니…….
저런 애는 맞아야 돼요.

혜신

그래도 말로 해도 될걸…….

현진

저는 정말 이해가 안 가요.
사람들이 왜 현미를 감싸고 도는지 모르겠어요.
걔는 정말 못된 애예요. 늘 제멋대로에다 책임감도 없고.
하고 싶은 건 다 하려고 하면서 하기 싫은 건 죽어도 안 해요.
자기 때문에 다른 사람이 얼마나 고생하는데!
그런데도 다들 현미만 좋아하죠. 현미는 재미있다고,
현미는 용감하다고, 현미는, 현미는……!
저야 그저 말이나 잘 듣고 눈에 안 띄는 아이니까…….

혜신

그게 아니라…….

쓸데없는 말은 듣지 않겠다는 듯 말을 잘라버리는 현진.

현진

언니……, 우리 엄마 미국 안 간 거 맞아요.

빚 때문에 돈 구하러 가셨어요. 언제 오실지 몰라요.

안 오실지도 몰라요.

그러니까 애들한테 제가 책임이 있어요.

사람들이 언제 우리 집으로 들이닥칠지도 모르고…….

알게 되어서 이제 시원하세요?

혜신은 당황하여 더듬더듬,

혜신

미안하다…….

현진

됐어요. 저도 언니 일기 훔쳐본 건 사실이니까.

대신 비밀로 해주세요…….

애들은 아직 엄마가 어디 갔는지 몰라요.

현진은 일어나 아파트로 걸어간다. 혜신이 바라보는 현진의 뒷모습.

혜신(V.O.)

하지만 사실은 그렇지가 않다.

사람들이 가장 사랑한 아이는 현진이었다.

서서히 FADE OUT.

61 암전

혜신(V.O.)

저 오물거리는 입술을 보라고, 신선한 발가락을 보라고,

저 통통한 볼을 보라고, 우리들은 마주보며 속삭여댔다.

조그만 현진이를 꼭 깨물어주고 싶은 마음만으로

우리 엄마는 주말마다 대전에 오는 것을 마다하지 않았다.

나는 현진이가 세상에서 제일 예쁜 아기라고 생각했다.

바둥거리는 어린 현진이를 안고서 우리도 동생 하나만

낳자고 철없이 어머니를 조르기도 했다.

조금은 질투를 한 것도 같다.

모두들 현진이만 바라보고 있었으니까.

62 베란다, 낮

무덥고 흐린 날씨. 하늘 저쪽에서는 먹구름이 뭉게뭉게 일고 있다.

혜신(V.O.)

현진이는 그런 건 아무것도 생각나지 않는가 보다.
하지만 기억이 나지 않는 것도 다 자기 자신의 일부인걸.

베란다에 서서 하늘을 바라보고 있는 혜신.

혜신

확 한번 쏟아졌으면 좋겠다.

63 부엌, 밤

확 쏟아져내리는 물소리. 싱크대 수도꼭지. 혜신과 정훈은 사이좋게 설거지를 하고 있다. 뒤로 거실에서는 현미가 비디오를 틀고 '룰라' 연습을 하고 있는 것이 보인다. 현진은 방에 틀어박혔는지 보이지 않는다.

혜신

정훈이 설거지 잘하는데.

맵시 있게 설거지를 해치우고 있는 정훈. 기분이 좋은지 히히거린다.

혜신

나는 집안일 같은 거 잘하고 그런 남자가 매력 있더라.

흥이 난 정훈은 '룰라' 노래를 따라 부르고.

혜신

현미 누나 춤 잘 추지?

정훈

(흐뭇하게)

네.

전화벨이 울린다. 현미가 비디오 소리를 줄이며 전화를 받는 모습이 보인다.

현미

여보세요……? ……엄마?

64 거실, 밤

현미

엄마, 어디야?

자기 방에 있던 현진이 재빨리 거실로 뛰어나와 전화기를 낚아챈다.

현진

엄마…….

정훈과 혜신도 거실로 뛰어 들어온다.

현진

어디세요? 응……, 정말?

다행이네요…….

차분하게 안도하는 표정의 현진.

현진

네, 저희도 잘 있어요. 혜신이 언니가 잘해줬어요.

언제쯤 오세요?

옆에서 목을 빼며 안달하고 있다가 전화기를 빼앗는 현미.

현미

엄마! 나야…….

현미와 정훈은 전화기에 매달려 있고, 현진은 몸을 돌려 혜신을 보며,

현진

일이 잘됐대요. 2~3일 후면 오신대요.

갑자기 소파에 무너지듯 주저앉아 울음을 터뜨리는 현진. 혜신은 현진의 어깨를 감싸안는다. 현미도 전화기를 정훈에게 넘기고 현진에게로 와서,

현미

언니야, 괜찮아, 이제 다 잘됐잖아.
울지 마…….

사뭇 다정하게 언니 앞에 앉아 달래다가 현진을 껴안고 같이 울어버리는 현미. 정훈이 혜신을 불러 전화기를 건네준다.

혜신

응, 이모? 그럼……. 애들 말 잘 들었지. 우리 다 잘 지냈어.
수고는 무슨…….

전화를 받고 있는 혜신의 전경에, 사이좋게 붙어 앉아 울고 웃는 세 아이들.

65 거실, 밤

혜신

자, 그럼 누가 김지현 할래?

비디오를 일시정지 시켜놓고, 마루에 '룰라 대형'으로 서 있는 아이들과 혜신.(채리나가 없던 시절의 룰라.)

현미

언니가 하세요.

혜신

아, 난 그거 못 해, 못 해.

현진

나도 못 해요.

혜신

그럼 누가 해……!

66 거실, 밤

룰라의 노래가 나오고 다들 하나씩 포지션을 맡아 비디오를 따라 춤추고 노래한다. 앞에 서 있던 혜신과 현진, 현미가 뒤로 빠지면, 화려한 어머니의 원피스를 입고 화장을 한 정훈이 앞으로 걸어 나와 여왕처럼 춤을 추기 시작한다. 하느작거리며 제법 우아하게 춤을 추는 정훈. 예쁘다. 즐거워서 깔깔깔 웃는 아이들.

67 아파트 전경, 밤

밤이 깊어가는 아파트 단지. 누가 살고 있는지 모르는 불 켜진 창문들. 그 위로 아이들의 웃음소리. 비가 쏟아지기 시작한다.

68 거실, 밤

여전히 비가 내리고 있다. 불 꺼진 거실로 비틀거리며 걸어 나오는 혜신. 소파에 털썩 앉는다. 옆에 놓인 전화기에 눈길을 주고는,

혜신

아, 더워…….

손으로 부채질을 하며 베란다 창으로 비 오는 광경을 맥없이 바라본다. 소파에 놓여 있는 『애크로이드 살인 사건』을 집어 들고 스탠드를 켠다. 스르륵 누워서 읽는다. 눈이 감기면서 가슴에 세웠던 책이 쓰러진다.

69 혜신의 꿈, 밤

키 큰 빌딩들이 밤 짐승처럼 번뜩이는, 비 오는 대전의 거리. 어두운 옷을 입고 시커먼 우산을 쓴 사람들로 가득 차 있다. 우산 때문에 얼굴이 보이지 않는 사람들. 비를 맞으면서, 누군가를 찾으며 뛰어다니고 있는, 사진 속 또 다른 친구 용란. 꿈속의 남자아이가 사람들 사이로 언뜻언뜻 보이다 사라진다. 용란은 애가 타게 남자아이를 뒤쫓지만 앞을 가로막는 사람들 때문에 쉽지 않다. 지친 용란은 빌딩 앞에서 이어지는 계단으로 올라가 사람들을 내려다보며 남자아이를 찾는다. 남자아이는 어디에도 없다. 절망적으로 소리 지르는 용란.

용란

처음부터 돌려받을 생각이 아니었다면,

왜 그걸 나한테 빌려줬던 거야!

사람들은 아무도 용란을 돌아보지 않고 제 갈 길을 바쁘게 가고 있다. 계단에 털썩 주저앉는 용란.

70 만화방, 낮

만화방 문을 열고 혜신이 들어선다. 저쪽에서 만화책을 높이 쌓아놓고 퍼져 자고 있는 선영. 선영을 발견한 혜신은 반가움으로 얼굴이 환해진다. 선영은 무슨 꿈을 꾸는지 손까지 슬금슬금 내미는데, 혜신이 그 손을 탁 치면서,

혜신

야, 송선영! 넌 여기서도 자냐?

선영

(깜짝 눈을 뜨며)

어, 주혜신! 너 여기서 뭐하는 거야?

아직도 꿈을 꾸나 싶어 주위를 두리번거리는 선영.

혜신

너 꿈에서 또 뭐 먹었지? 침까지 흘리고…….

혜신은 선영의 옆에 털썩 주저앉아 쌓아올린 만화책, 추리소설 등을 들춰본다.

선영

(여전히 믿기지 않는다는 듯)

너 여기 왜 왔어?

혜신

너 깨우러 왔지, 이 잠퉁아.

혜신은 책들 사이에서 『애크로이드 살인 사건』을 집어 든다.

무협
코믹
AGATHA CHRISTIE

혜신

너 이거 다 봤어? 난 도저히 끝이 안 난다.

그래서 도대체 범인이 누구냐? 집사냐? 가정부냐?

잠을 깨려고 멍청하게 눈을 껌뻑이던 선영은 혜신에게 확 달려들며,

선영

너지, 범인은!

깜짝 놀라 깔깔깔 웃는 혜신.

71 만화방 앞길, 낮

뉘엿뉘엿 해가 지는 오후. 혜신과 선영은 만화방에서 슬슬 나온다.

선영

잘됐다. 안 그래도 심심해서 죽을 뻔했는데.

술 마시러 가자!

혜신

너는 어째 대전에서나 서울에서나 하는 일이 똑같냐?

선영

사람 사는 게 다 거기서 거기지.

그러는 너는 뭐, 특별한 꿀떡이라도 감춰놓고 사냐?

혜신은 히히 웃으며 문방구 앞에 있는 공중전화로 간다.

혜신

나 그럼, 우리 동생들한테 전화하고.

수화기를 들어 버튼을 누르는 혜신. 안에서 들리는 소리.

안내 방송(E)

지금 거신 번호는 없는 번호이오니,

다시 한번 확인하시고…….

다시 버튼을 누르는 혜신.

안내 방송(E)

지금 거신 번호는…….

혜신은 수화기를 내려놓으며 고개를 갸우뚱한다.

혜신

어, 이상하다. 웬일이지? 없는 번호라는데?

선영

(빨리 술 마시러 가고 싶어서 딴청을 부리며)

'다시 한번 확인'해봤어?

혜신

응.

선영은 혜신의 옷깃을 잡아끌며,

선영

그 집엔 아무도 삐삐 없어? 술집 가서 삐삐 쳐.

혜신

(고개를 갸우뚱하며)

아니, 근데, 삐삐를 치는 건 치는 건데……,

이상하다……. 왜 번호가 없지?

질질 끌려가면서도 아무래도 마음에 걸리는 혜신.

72 호프집 안, 저녁

혜신과 선영은 탁자 위에 전화기가 있는 호프집에 마주 앉아 있다. 창밖으로 가로등이 켜지기 시작하는 어스름의 대전 거리. 두 사람의 앞에는 500CC 잔들이랑 돈가스 안주. 혜신과 선영은 배가 고픈지 연신 돈가스를 집어 먹고 있다.

혜신

나 니네 집 대전인지 몰랐다.

선영

친구 맞아? 3년이나 보고도…….

혜신

너 집에도 거의 안 내려가잖아.
나는 니네 부모님 어디 이민 가 계시는 줄 알았다, 야.

선영

부모님이 이민을 가셨으면 내가 미쳤다고
서울에 죽때리고 있냐?

혜신은 창밖을 두리번거리며 풍경을 살핀다.

혜신

근데, 이쪽은 며칠 전에 갔던 데랑
분위기가 되게 다른 것 같애.
지난주에 동생들이랑 동양백화점 근처에 갔었는데…….

선영

거기는 신시가지니까 그렇고. 여기는 구시가지잖아.

혜신

응…….
(아는 척 고개를 끄덕이며)
어쩐지 낯이 익은 거 같더라.

'낯이 익긴 뭐가 익냐.' 피식 웃는 선영. 탁자 위의 전화벨이 울린다.

혜신

여보세요? 응, 현진이?
언니, 여기서 우연히 과 친구 만났거든…….
응. 늦게 들어갈 거 같아서 먼저 자라고.
근데 있잖아……, 내가 아까 집에 몇 번이나 전화했는데,
없는 번호라고 그러더라. 어떻게 된 거야?

수화기가 크게 보이며 현진의 목소리가 들린다.

현진(E)

아, 언니, 옛날 번호 갖고 계시는구나.
그게요……, 상황이 어떻게 될지 모른다고,
얼마 전에 엄마가 번호를 바꿔가지구요…….

왠지 낭패한 듯한 표정의 혜신.

CUT TO

웨이터가 두 번째 돈가스 접시를 가져온다. 술을 좀 마신 두 사람.

혜신

이렇게 또 방학이 가는구나. 허무하다.
니들 대전 가 있을 때 내가 혼자 얼마나 삐삐를 쳤는지 아니.
그렇다고 내가 여기 있는 동안
누가 나를 그렇게 찾아줄 것도 아닌데.

선영은 슬깃하며 몸을 바싹 기울인다.

선영

누가 또 대전에 있는데?

혜신

지혜랑 연정이랑 용란이랑…… 다.

선영은 기가 찬다는 듯 집었던 돈가스를 탁 내려놓는다.

선영

아…… 참, 내……. 내가 이럴 줄 알았어.

이것들이 정말…….

혜신

왜?

선영

준형이가 지금 대전에 있거든!

혜신

어어…… 그래? 근데……?

선영

(큰소리로 다짐하듯)

너, 내가 준형이 좋아하는 거 알지?

혜신

(순진하게 눈을 크게 뜨며)

아니.

선영

남들 다 아는데, 그걸 왜 몰라?
넌 도대체 아는 게 뭐야?

혜신은 눈만 깜빡깜빡.

선영

아, 내가 찍으면 꼭 날파리들이 먼저 달려든단 말이야…….
걔들 분명히 준형이 따라 내려온 거야.
어쩨 걔네가 준형이 보는 눈치가 이상하더라고. 분명해.

선영은 손을 탁 털어내며,

선영

됐어, 이제! 나는 빠질 거야. 나 이런 게임 안 해.
나는 원래 나보다 약한 애들이랑은 게임 안 해…….
이것들 진짜, 처음부터 알아봤어. 너도 알지?
우리 삼수했다고 맨날 무시하고……
입으로는 언니, 언니 해도, 속마음은 안 그렇다니까.
내가 찍어놓은 거 다 알면서, 어쩌면 이럴 수가 있냐?
언니들은 순정도 없냐?

선영은 점점 흥분하고 혜신은 그런 선영을 보면서 이상한 기분이 든다. 자기가 왜 그런 기분이 드는지 자문하면서 멍하니 선영을 보고만 있는 혜신.

선영

잘 있어라, 준형! 누나의 마음은 이미 너를 떠났다. 너는 절대로 모를 거다, 니가 방금 어떤 걸 놓쳤는지.

선영은 아쉬운 듯이 입맛을 다시며,

선영

아, 이거, 참……
아까 만화방에서 준형이 꿈 꾸고 있었는데……
니가 확 깨울 때 어쩐지 재수가 없을 거 같더라고.

혜신은 어리둥절한 얼굴로 떠듬떠듬.

혜신

미안해……. 나는 그런 줄도 모르고…….

선영은 고개를 푹 숙이며 눈을 감더니, 다시 밝은 표정으로 얼굴을 들고는, 술잔을 치켜든다.

선영

됐어. 이제 다 잊었어. 마시자!

73 구시가지 거리 전경, 밤

불이 꺼져가는 시내. 거리엔 차들만 쌩쌩 지나다닐 뿐, 인적이 없다. "준형아…… 준형아……!" 목 놓아 부르는 여자아이의 목소리가 울려 퍼진다.

74 구시가지 거리 1, 밤

혜신은 몸을 가누지 못하는 선영을 부축하고 있다.

선영

준형아아아…….

선영은 땅바닥에 털썩 주저앉더니 가로수에 몸을 기대고 눈을 감으며,

선영

(극적으로)

너, 어두운 죄수의 감방에 비쳐드는 달빛,

사나운 겨울을 이기고 찾아오는 봄바람,

여행자의 수통에 마지막 남은 물 한 모금, 그리고, 마침내,

먼 항해 끝에 발견하는 맨 처음의 등대여……
너를 두고 내 어찌 전장으로 떠날 수 있으리……!

혜신은 지겹다는 듯 선영을 일으키며,

혜신

정신 차려…….
너는 왜 술만 마시면 고등학교 때 하던
연극을 하고 그러냐!

혜신은 선영의 팔을 붙들고 택시를 잡고 있다. 길에는 간간이 차들만 쌩쌩 지나갈 뿐 택시가 거의 없다. 선영은 눈을 거의 뜨지 못하고 혜신에게 몸을 맡긴 채,

선영

미안하다. 니가 이해해라. 내가 너를 바래다줘야
되는데……. 내가 지금 필름이 끊겼거든.
나는 지금 내가 무슨 말 하고 있는지도 몰라.

택시가 와서 선다. 혜신은 선영을 억지로 밀어 넣지만, 선영은 막무가내로 혜신을 꼭 끌어안고 속삭인다.

선영

오늘 밤은 너만 잊어주면 돼……. 고맙다.

혜신의 볼에 쪽 뽀뽀를 한 선영은 냉큼 택시에 오르더니, 혜신의 손을 물리치고 택시 문을 닫고는 열어주려고 하지 않는다. 혜신은 택시 문을 붙잡고 실랑이하면서,

혜신

어떻게 혼자 가려구…….

선영은 한 손으로 택시 문을 붙잡고, 다른 손으로는 동그라미를 그려 보이며 눈을 찡긋한다. 어쩐 일인지 멀쩡해 보이는 선영. 차가 출발한다. 창밖으로 빠이빠이 하는 손.

선영

그럼…… 내일 수업 시간에 보자…….

"무슨 소리야……." 중얼거리며 혼자 피식 웃는 혜신. 선영이 탄 택시가 사라진 주위에는 지나가는 차들도 거의 없다. 발을 동동거리며 차를 기다리던 혜신은 모퉁이를 돌아 더 큰길로 뛰어나간다.

75 구시가지 거리 2, 밤

육중한 빌딩들이 양옆으로 늘어서 있는 큰 거리. 비어 있다. 모퉁이를 돌아 뛰어나오는 혜신. 빌딩 사이로 발소리를 텅텅 울리며, 여러 개의 그림자를 그리며. 택시를 잡으려고 대로를 향해 손을 드는 혜신. 손님을 태운 택시들이 그냥 지나가버리고 더 이상 택시가 오지 않는다. 혜신은 더 위쪽으로 뛰어간다. 거리는 지난밤 꿈속의 거리. 그러나 혜신은 알아차리지 못한다. 정신없이 헤매다 지친 혜신은, 힘없이 '꿈속의' 빌딩 계단으로 걸어 올라가 털썩 앉는다. 자기와 아무 상관도 없이 지나가는 차들과 모든 문이 닫힌 것 같은 거리를 내려다보다가, 무릎을 세워 팔꿈치를 괴고 무심히 중얼거리는.

혜신

처음부터 돌려받을 생각이 아니었다면……

왜 그걸 빌려줬던 거야.

76 열차 안, 낮

자기 자리를 확인한 혜신은 가방을 짐칸에 올린다.

77. 열차 안, 낮

좌석에 앉아 하얀 카드를 펼쳐보는 혜신. 카드에는 커다란 하트와 함께. "언니 고맙습니다." 혜신은 미소를 짓고, 카드를 접어 무릎에 놓인

『애크로이드 살인 사건』의 책장 사이에 꽂아 넣는다. 책을 편다. 책장에 쓰여 있는 글자들을 따라가는.

"이제 모든 것이 밝혀졌으니까 정리를 좀 해봅시다. 그날 오후에 쓰리보어즈에 갔던 사람, 애크로이드가 딕터폰을 샀다는 사실을 알 만큼 그와 친했던 사람…… 범행이 발견된 후 경찰이 오기 전에 혼자서 몇 분간 서재에 남아 있었던 사람……."

의자에 기대는 혜신의 머리. 졸려서 눈이 감기는지 글자들이 춤을 추며 커지며 작아지며 희미해지며 멀어진다.

"범인은, 셰퍼드 선생, 바로 당신입니다."

혜신의 눈이 스르륵 감기며 열차가 출발한다.

78 혜신의 꿈, 낮

덜컹 출발하는 열차의 소음이 작아지며 화이트로부터 FADE IN.

거친 숨소리. 나선 계단을 급하게 뛰어 올라가는 사람의 시점 샷. 휘휘 돌아 올라가는 계단의 끝에 있는 문을 열면, 하얀빛이 몰려들며, 어떤 도시가 환히 펼쳐지는 종탑에 서게 된다. 종으로 반쯤 가려진 저쪽에 키 큰 꿈속의 남자아이가 도시를 바라다보며 서 있다. 계단을 올라온 사람이 그쪽으로 다가가고, 남자아이가 뒤돌아본다. 남자아이는 홍시를 먹고 있다. 이쪽을 보며 미소를 짓는 남자아이. 먹고 있던 홍시를 내민다.

꿈속의 남자아이

오래되어서 과일이 다 썩었네요. 하지만 씨는 괜찮을 거예요.

멍한 표정으로 남자아이를 바라보는, 계단을 뛰어 올라오느라 숨이 찬 사람은, 선영이다. 선영이 남자아이에게 다가간다. 홍시를 향해 선영이의 손이 슬며시 내밀어질 때,

79 열차 안, 낮

슬금슬금 내밀고 있는 혜신의 손. 달리는 열차의 소리가 커진다. 감겨 있는 혜신의 눈.

혜신(V.O.)

참 이상하게도

무릎에 펼쳐져 있던 『애크로이드 살인 사건』이 툭 떨어지며 혜신은 눈을 뜬다.

혜신(V.O.)

꿈을 꾸었다…….

꿈속에서 나는 선영이었던 것 같다.

차창 밖으로 펼쳐지는 풍경. 혜신은 대전을 빠져나가고 있다. 휙휙 지

나가는 이정표, 집들, 나무들, 걸어가는 사람들, 학교들, 교회들, 다리들, 육교들, 저쪽으로 높은 빌딩들. 점점 차창으로 다가가며, 멀어지는 대전의 모습을 바라보는 혜신. 뒤에 두고 가는 것이 안타까워서 손을 내밀어 만져보려고. 우리가 처음 보는 낯익은 광경을 바라볼 때 짓는 이상한 표정. 데자뷔의 느낌.

80 기찻길 전경, 낮

도시를 감싸 안으며 돌아나가는 기차. 기적을 울리며 멀어진다.

81 혜신의 학교 전경, 낮

무성한 푸른 나무들, 매미 소리, 내리쬐는 햇빛을 받으며 서 있는 건물들. 한가로운 한여름 학교 풍경.

82 등나무 벤치, 낮

등나무 벤치 아래 혜신과 친구들이 모여 앉아서 음료수를 먹으며 떠들고 있다.

지혜

나는 친척 언니 결혼식 땜에 대전 간 건데.

연정

나는 카이스트에 있는 친구가 놀러 오라고 그래서.

용란

나는 계룡산으로 YMCA 수련회 가는 거
준비 때문에 갔었지.

멍청하게 아이들의 말을 듣고 있는 혜신의 얼굴.

지혜

언니는 왜 갔어?

혜신

나?

어려운 질문도 아닌데 대답을 못 찾는 혜신.

혜신

나는…….

83 학교 건물 안, 낮

계단을 올라가고 있는 혜신. 아래쪽에서 걸어 올라오는 키 큰 남자아

이의 모습이 흘끗 내려다보인다. 정신없이 계단을 뛰어 올라가기 시작하는 혜신. 그 소리에 계단을 올라오던 남자아이, 꿈속의 남자아이 준형은 위쪽을 올려다보고,

준형

누나…… 혜신이 누나…….

혜신을 따라 뛰어 올라오기 시작한다. 더 빨리 뛰어가는 혜신. 그러나 이내 준형이 따라잡고 만다. 반가운 표정으로 혜신의 어깨를 툭 치며,

준형

뭐가 그렇게 바빠요?

혜신

어…… 저기…….

애매하게 말을 흐리며 턱 끝으로 아무 데나 가리키는 혜신, 숨이 차다. 얼굴이 상기된다.

준형

어떻게 된 거예요. 근데?

준형이 따진다.

혜신

뭐가?

준형

내가 얼마나 전화했다구요.

대전 번호는 없는 번호라고 그러고

아무리 삐삐를 쳐도 받지도 않고…….

어디 있었던 거예요?

혜신

어어…… 대전에…….

바빠서…….

준형

책 안 줄 거예요?

혜신

줘야지.

준형

밥도 사주세요.

그동안 누나한테 전화하느라고 고생했으니까.

혜신

으응…… 그럴까?

준형

그럼 제가 영화 보여드릴게요.

하얀 이빨이 시원하게 드러나는 준형의 미소.

84 혜신네 집 마당, 낮

저 끝으로 노을이 물들어가는 늦은 오후. 장갑을 낀 어머니가 마당에서 일을 하고 있다. 노래하듯 가볍게 대문을 들어서는 혜신.

혜신

다녀왔습니다.

목소리도 경쾌하다. 무슨 일인가 싶어 돌아보는 어머니.

어머니

어째 오늘은 기분이 좋아?

가방을 내려놓고 그네에 풀썩 올라앉는 혜신.

혜신

날씨도 좋고…….

일을 하던 어머니는 땀을 닦으며,

어머니

더워 죽겠는데.

혜신은 그네를 타면서 꿈을 꾸는 목소리로,

혜신

한 달만 있으면 가을인데, 뭐.

이제 곧 저녁마다 바람이 달라지고, 하늘이 파래지고,

날마다 학교도 가게 될 텐데, 뭐.

어머니

날마다 학교 가는 게 좋아?

혜신

응…….

애들은 알 수가 없다고 웃어버리는 어머니. 다시 바쁘게 일손을 놀린다. 혜신은 천천히 그네를 밀면서 작게 노래 부른다.

혜신

나는 동쪽 종탑의 여자아이
당신을 사랑하는 건 누구나 알지요.
아침 해가 잠든 양을 깨우듯이
당신을 볼 때마다 내 가슴의 종소리가
사랑한다고 사랑한다고 큰 소리로 외치니깐.

아직 여름이다.

끝

2001년 12월 5~10일

맺는 말

언제까지나 나의 첫 번째 시나리오로 남을 것 같았던 두 개의 졸업작품. 이것들이 영화가 될 수 있을 거라고 생각하지는 않았습니다. 그런데 이렇게 예쁜 그림을 붙여 다시 살아나게 할 생각을 하고, 나를 교실에 가둬버린 희진아, 고마워. 그림을 그려주신 박재인 작가님, 김라온 작가님, 감사합니다. 한 장, 한 장 받을 때마다 놀랍고 기뻤어요. 시나리오가 영화화되지 않고도 작품으로 존재할 수 있구나, 설레는 작업이었습니다.

이 책을 만드는 동안 나는 정말 25년 전의 교실로 돌아갔습니다. 그때의 친구들. 진실함이 무엇인지 알고 싶었던 우리는 서로의 얼굴에 묻은 조그만 진실이라도 찾아주려고 했죠. 학교에서 배운 것들은 대부분 친구들에게서 배운 것들입니다. 그 친구들, 특히 은영이에게 감사하고 싶습니다. 은영아. 어떤 순간은 영원하지. 태극기 게양대에서 그 짧은 순간이 영원해질 줄 몰랐어. 맑은 하늘 아래, 시나리오를 쓸 수 있는 영감이 계시처럼 떨어지기를 바랐던 날. 우리는 정말 날마다 무엇을 쓸까 고민하던 학생들이었는데.

2024년 5월

정서경

나의 첫 시나리오

불쌍한 우리 아기, 대전 일기

초판 1쇄 발행 2024년 6월 27일

지은이 정서경
그림 김라온, 박재인

발행인 김희진
편집 김지운
마케팅 이혜인
디자인 민혜원
제작 제이오
인쇄 민언프린텍
발행처 돌고래

출판등록 2021년 5월 20일
등록번호 제2021-000173호
주소 서울시 강남구 선릉로 704 12층 282호
이메일 info@dolgoraebooks.com

ISBN 979-11-983809-8-2 03680